高校教育教学管理模式与发展研究

张　雷◎著

吉林人民出版社

图书在版编目(CIP)数据

高校教育教学管理模式与发展研究/张雷著.

长春:吉林人民出版社,2025.5.--ISBN 978-7-206
-21977-1

Ⅰ.G647.3

中国国家版本馆 CIP 数据核字第 20258GT251 号

高校教育教学管理模式与发展研究

GAOXIAO JIAOYU JIAOXUE GUANLI MOSHI YU FAZHAN YANJIU

著　　者:张　雷

责任编辑:金　鑫

封面设计:豫燕川

出版发行:吉林人民出版社(长春市人民大街 7548 号　邮政编码:130022)

印　　刷:吉林省海德堡印务有限公司

开　　本:787mm×1092mm　　1/16

印　　张:8.75　　　　字　　数:112 千字

标准书号:ISBN 978-7-206-21977-1

版　　次:2025 年 5 月第 1 版　印　　次:2025 年 5 月第 1 次印刷

定　　价:68.00 元

如发现印装质量问题,影响阅读,请与出版社联系调换。

前　言

　　高校教育是国家教育体系中不可或缺的重要组成部分,高校教育教学研究的质量和水平直接影响国家未来人才的培养和发展。在当前信息化、数字化、智能化的时代背景下,高校教育教学研究面临着前所未有的机遇和挑战。

　　本书紧紧围绕当代高校教育教学管理模式,将其作为核心研究对象,以严谨且全面的态度,深入梳理高校教育教学管理的内涵,让读者明晰其本质与范畴。在探索现代教育理念引领下的高校教学管理创新方面,本书通过对学生管理模式创新展开研究,寻求更贴合学生发展需求的管理路径,对教师管理模式创新进行探索,激发教师的教学活力与创造力;在教育教学质量管理创新领域深耕,确保教学质量稳步提升。此外,还针对高校教育教学管理的新发展进行探讨。本书旨在为广大教育工作者提供极具实用价值的教学管理策略与方法指导,助力他们在日常复杂多变的教学实践中,能够从容应对各种挑战,显著提升教学管理的质量与效率,推动高校教育教学水平迈向新高度。

　　笔者在撰写的过程中,得到了一些专家、学者的帮助和指导,在此表示诚挚的谢意! 书中内容难免有疏漏之处,希望广大读者批评指正,以便笔者进一步修改,使之更加完善。

目　录

第一章　高校教育教学及其管理相关理论

第一节　高校教育教学概述

一、高校教育教学的内涵

虽然教学是教育学的一个基本概念，但由于人们对教学的认识角度、认识方法等不同，对教学概念的解释也不尽相同。最广义的教学包括自学、科研甚至生活，而狭义的教学指在某时某地发生的教学活动。也有将教学解释为是教师教、学生学的统一活动；在这个活动中，学生掌握一定的知识与技能，身心获得一定的发展，形成一定的思想品德。教学是教师的教和学生的学所组成的一种教育活动。通过教学，教师把人类长期实践积累起来的科学文化知识，有目的、有计划、系统地传授给学生，培养他们认识世界和改造世界的能力，使他们迅速成长为有社会主义觉悟、有文化的劳动者。

以上这些观点主要强调了学校中形态多元的教学活动，都必须是"教师教和学生学的统一"，即教学是教与学统一的活动，不能将其只看作是教或者学；强调了教师主导与学生主体的统一，教师不能代替学生成为学习的主体，学生的学也只有在教师的引导下才能得到更好地发展；强调了教学的全面性，教学不仅是知识、技能的传授，还是学生品德的培养，强调教学生学会做人。

高校教育教学的基本形式是班级授课制，主要是教师和学生以课堂为主渠道，在"教师教和学生学的统一"活动中，通过教材，以交流、合作等方式，完成教学目标，促进学生发展。因此，教学包括了从教学目标的设定、教学过程的实施到教学反馈的形成这样一个动态完整的过程，是一个整体系统。课堂教学作为一个复杂系统，结构要素有很多，主要有教学目标、教学内容、教学方法、教学环境、教学评价、教师和学生七大要素。其中，学生是教学的主体，所有的教学活动都围绕学生展开。教师在教学中起着关键作用，所有的教学要素都通过教师发挥主动性去调整，从而影响学生的学习活动，达到教学过程最优化，取得最大的教学效果。

二、高校教育教学的特点

（一）特殊的教学对象

高校的教学对象大多是已经成年的青年，相较于中小学生，他们在生理和心理上都要成熟得多，包括认知能力在内的各种能力都有了很大的提高，具有明显的特殊性。

高校的教学对象的各种知觉发展都较成熟。随着年龄的增长，大学生各种感觉器官都已发育成熟，他们对各种知识和技能的学习不再停留在认识层面，而是会根据自己已有的经验和知识基础去深刻地理解和运用，并且可以对所学的知识进行加工和重组。此外，大学生拥有较灵敏的知觉和感觉系统，除了可以自觉很快地接受新知识，还可以自觉地将所学用于实践。

高校的教学对象可以有目的地去观察和认知。随着大学生知识的积累和阅历的丰富，他们对周围事物的观察不再只是盲目进行，而是出于一定的目的，并且会进行一系列较系统的观察。同时，他们还可以做出明确的观察结论和总结，而且在观察的过程中，会根据需要选择合适的工具，及时改变策略，合理预测结果，并做好充分地解决可能出现的问题的准备。

高校的教学对象处于思维发展的过渡期。大学生的思维有所发展，由形式逻辑思维逐步发展为辩证逻辑思维；既明确不同事物的确定界限，也开始接受辩证统一的认知，可以看到事物的对立统一面。同时，大学生的创造性思维也在飞速发展，他们敢于创新，总是有很多奇思妙想。需要注意的是，大学生处于思维发展的过渡期，既表现出深刻性、批判性的一面，同时由于大学生心智还不够成熟，也容易表现出盲目和冲动的一面。

（二）多维度的教学目标

正因为高校教学面对的教学对象特殊，所以高校教育教学目标也更丰富，呈现多维度性。

高校要注重培养学生的想象力和创造力，让学生学会思考，学会探究未知。高校除了是传授知识的教育场所，也是一所研究机构，教学生学会思考、学会探究，为以后漫长生活中的自我学习打下坚实的基础。同时，高校教师还需要将知识与想象结合在一起，鼓励学生大胆想象，培养学生的想象力和创造力。因为书本上的知识都是经人组织、整合过的生活产物的结果，是一种不会跟随时代步伐和人的思维节奏变化的静态知识，即使再怎样精细详尽、条理清晰、逻辑合理，它也是"死"的。如果教师只把这样的知识传授给学生，那么长此以往，学生可能就不会思考和探究了。

高校要充分培养学生的实践能力。大学生在高校学习，除了要成为一个拥有丰富学识的高学历人才，为了充分适应当前社会，还需要具备很强的实践能力。在高校，教师必须充分调动学生学习的主动性，改变灌输性的教学方法，引导学生成为知识的探索者和研究者。此外，教师需要给予学生实践的机会，提高学生的实际动手能力，充分培养学生的实践能力。

高校要注重建设学生的精神世界。除了要学习知识、锻炼身体、培养能力外，大学生要想真正成才，还需要开拓精神世界，以高尚、丰富的精神世界武装自己。

综上所述，知识是人适应社会的前提；能力是以知识为基础的，能力的发展必须有丰富的知识作保障；而精神则是人之所以成为人的核心，三者缺一不可。所以，高校教育必须做到传授知识、培养能力和丰富精神三者相统一。

（三）以探究学习为主的教学模式

就能力水平而言，大学生已经具备了相当成熟的感知能力，他们已不像中小学生那样需要手把手教授。这时高校的教师就需要适当引导学生去探索未知的东西，因而高校教育的教学过程主要是以探究学习为主进行的。

高校教学虽然也有教材，但绝不是教师一板一眼地把教材上的东西原封不动地讲解给学生，而是需要学生在自己已有知识的基础上，在教师的指导下，用自己的方法去认识世界、探索未知。随着时代的发展和学生已有知识的增加，真理在学生眼里的表现形式会有所不同。大学的使命是探索知识和追寻真理，而非认识真理。也就是说，高校教学应当以探究学习为主。只有培养学生的探究能力，使他们对知识有更为深刻的理解，并学会探究未知，大学才算是真正地完成使命。

（四）综合度高的教学内容

由于科技的快速发展，现代社会分工更加精细，社会生产和人们生活中的各种问题都需要各行各业相互合作去解决。这就促使社会需要专业且全面的高级人才，也使得大学的教学内容往高度综合的方向发展。因此，高校必须以培养基础知识牢固、专业能力强、知识层面宽的人才标准进行教学。

随着科技的发展，具体的教学内容不再局限于各种纸质教材，还可以来源于信息量更大的电视、广播以及互联网等；知识获取也不再局限于课堂上教师的讲授，还可以通过远程教学。纸质教材有可能存在内容过时、信息量有限等问题，增加了投影设备和多媒体等科技工具辅助的教学内容更加丰富、形象和开放，更能激发学生的学习兴趣，培养他们的发散性思维和创造性思维。

（五）多样化的教学方法

高校教育教学多维度的教学目标和综合度高的教学内容的特点，决定了高校教育的教学方法也将呈现多样性。

大学存在许多相互独立的专业与学科，在面对不同专业的学生时，教师应该采用不同的教学方法。教学方法的选择要符合学生的专业特点，力求利于学生迅速吸收新知识。因为即使面对同样的教学内容，不同专业学生的接受程度也有所不同。因此，高校教育的教学方法是不能一成不变的。

现代科技发展很快，各种手段、方法被应用到教学上，比如影视材料、互联网信息等的使用。因此，高校教育教学要在使用一般性的教学方法上，灵活运用各种教学手段，尤其要充分发挥计算机的辅助作用。

即使使用同样的教学方法，使用教学方法的过程也存在不同，比如使用某种方法的前提条件不同、使用的步骤不同等以及面对大学生的心理素质和接受能力不同等。所以，即使使用同一种教学方法也呈现出多样性的特征。事实上，学生接受知识和内化知识的速度主要取决于教师是否使用了正确的教学方法，而正确教学方法的选择可以使学生在理论和实践上共同进步、身心也得到发展。所以，高校教育的教学方法一定是多样的，且一定是要适合学生发展的。

（六）高层次的师生互动

高校教育教学的成效取决于课堂上师生之间的交流和互动。有效和良性的师生互动既可以促进学生情感和认知两方面的发展，也可以促进教师自身的发展，使师生双方都受益，达到教学相长的目的。高校教育教学的师生互动与中小学有所不同，高校教育教学的师生双方都具有特殊性，所以高校的师生互动表现出深入性和高层次性。

高校教师应该是知识的实质权威者，而不是传统的形式权威者，即教师应该具有高深的学问、高尚的情操及崇高的人格魅力。随着现代科技的发展，知识更新速度很快，教师需要不断地丰富自己，迎接挑战。只有教师的学问深了、素质高了，才有可能成为知识的权威者，大学生对教师才会尊重和信赖，双方才能达到真正的良性互动，才能有效提高教学效果。

大学生是特殊的群体。他们处在特殊的年龄阶段，心理初步成熟。他们希望被教师当作课堂互动中的另一个主体，得到教师的尊重和关爱；希望教师能把他们当作朋友；希望和教师建立一种平等、融洽的师生关系。角色的不同，互动的形式和内涵也就不同。高校教育教学的师生互动是更深层次的一种师生互动，并且更加具有平等性和民主性。

三、高校教育教学的创新性特征

（一）平等性

高校的学生来自不同的地方，由于遗传、教育环境、智力水平等存在差异，他们的家庭出身、社会地位和生理心理状态也不同。但在人格上，他们都是具有平等人格的主体，所以在教育教学中，首先，教师应一视同仁，使学生的基本权利得到保障。其次，教师在对课堂教学资源的分配上应平等地考虑每一个学生，包括课堂问题的设计、教师提问的对象等，应该根据学生的情况给予最合理的分配，不能存私心。最后，在师生的互动中，教师要充分理解学生的个人情感，以及学生在发展过程中遇到的其他情感问题，并及时给予恰当的帮助。在传统教学中，教师大多以"教"和"管"为主，很少顾及学生的心理，学生只是被动地接受知识和技能，而现代教学则要求教师要更多地注重学生的个体差异，充分尊重学生的自主发展，使学生充分感受到自己与别人真正在发展上的平等。

（二）差异性

差异性是针对平等性而言的。所谓的平等对待并不等同于毫无差异，而是在平等中做到差别对待。这是因为每个学生都是具有不同特性的鲜活的个体，他们有不同的思想、意识和学习方法。有的教师习惯用统一的标准去要求每一个学生，要求他们考试都要拿到什么样的分数，要求他们一样的优秀、一样的聪颖；有的教师用同样的方式和内容去教授全体学生，并不关心是不是所有的个体都能接受和理解。在教育教学中，教师首先要承认学生的独特性和差异性，用心研究他们的学习习惯和思考方式，对不同的学生制定不同的教学方法。其次，还要积极与学生沟通，鼓励并引导学生，培养学生的创新精神和完整的人格，这样才能使每个学生都得到全面发展，才能为社会培养和输送不同类型的人才。

（三）发展性

高校教育教学的最终目的是促进受教育者的发展，也就是使每个个体都得到发展，而这种发展又不是以一个统一标准去要求的。个体的差异使得每个学生并不具有一样的基础，不一定能够发展到同一个高度。[①] 在实际教学过程中，学生有好、中、差之分，教师不可能使这三类学生都发展到一样的高度。发展性就是要求教师在尽可能的情况下使用一切方法，使学生都能得到相对自身来说最大的发展。不求一致发展，但使全体学生都得到一般发展是可以做到的。总之，发展性是高校教育教学公平的最高要求，也是对教师最高的要求。教师在任何时候都应该谨记——教学的最终目的是要促进每个学生的发展。

四、现代教育理念

教育理念是一种关于教育方法的观念，也可以说是关于教育一般原理和规律的一种理想的观念。当然，它必然是以前人的教育思想为基础，以未来社会对人才的需要为前提的。科学的教育理念可以正确地反映教育的本质特点和时代特征，为教育的发展指明方向。基于此，现代教育理念作为社会文化的典型代表，除了为我们提供教育的理想模式，还始终保持着对社会各方面发展的前瞻性。

在对教育实践和教育理论进行了长期深入地研究之后，人们赋予了

---

① [苏] 赞可夫. 教学与发展 [M]. 邱静娟，译. 北京：长江文艺出版社，2017：189－190.

现代教育理念比较深刻的思想内涵。从理论层面上来说，现代教育理念突破了以教育经验为导向的思想束缚，改变了传统教育更加侧重应试教育这一特征，使教育内容更加系统且更具有针对性。现代教育理念也表现出了客观、可信的科学特征，被赋予了开拓精神、创新精神、批判精神、冒险精神等思想内涵。从操作层面上来说，在指导教育实践过程中，现代教育理念则表现得更加成熟，也体现出了包容性、可行性、持续性的特征。这必定会对高校的教学起到积极的导向作用。下面将对十大现代教育理念展开详细论述。

（一）以人为本理念

在经济、科技等高速发展的今天，社会已经从注重科学技术发展的时代进入以人为本的时代。在这个时代，坚持以人为本的教育理念也符合当下的时代要求。因为人既是教育的出发点，又是教育的归宿。教育作为一种培养和造就合格人才以满足社会发展需要的崇高事业，自然要全面体现以人为本的时代精神。因此，现代教育应以人为本，并在教育教学的整个过程中，全方位地贯彻重视人、尊重人、提升及发展人等重要精神；同时，现代教育也应重视开发人的禀赋，挖掘人自身蕴藏的潜能，关注人当下的现实需要和未来的发展需要，更应重视人自身的价值及如何使他们实现个人价值，并且应致力于使人自尊、自爱，增强人自立、自强的意识。正是由于现代教育坚持以人为本的理念，人们的精神品位和生活质量也在持续提高，人的生存能力和发展能力也得到了提高。

（二）全面发展理念

促进人的自由全面发展是现代教育的宗旨。因此，现代教育十分注重人发展的全面性和完整性。从宏观上说，现代教育是面向国家全体公民的教育，是注重民族整体全面发展的国民性教育。它使社会上的每一个成员都能通过正规或者非正规的渠道接受一定的教育。它的根本目标是全面提升整个民族的思想道德修养，大力发展整个民族的科学文化素质，提高民族的知识创新能力和技术创新能力，增强国家的综合国力。从微观上说，现代教育是面向全体学生的教育。它使每一个学生都能在原有的基础上得到一定的发展，使每一个学生都能达到社会规定的合格标准，使他们成为社会需要的合格人才。它的根本任务是促使每一个学生在德、智、体、美、劳各方面都得到全面发展，成为全面发展的人才。这就要求人们在教育观念上，要将传统教育观念改变为素质教育观念，将精英教育、专业性教育转变为大众教育、通识性教育；在教育方法上，要改变只注重提高成绩、不注重学生身心发展的方式方法，而采取促进学生德智体美劳全面发展的、整体育人的方针政策。当然，全面发展并不是平均发展，而是给予每个学生平等的个性发展的机会和自由选择的机会。

（三）素质教育理念

传统教育的思想和方法只重视传授和吸纳知识，不利于学生的全面发展。现代教育重视的是在教育过程中将知识转化为能力，内化为学生的良好素质。它强调的是知识、能力和素质三者在整个人才结构中的相互作用、相互渗透、和谐发展。传统教育过于重视知识的传递和考试分数，往往忽视了学生的实践能力和综合素质的发展。现代教育更加强调锻炼学生的实践能力，培养学生的综合素质。现代教育认为，与知识相比，能力和素质更重要、更持久、更稳定。现代教育把培养与提高学生的综合素质作为教育教学工作的中心，把帮助学生学会学习和提高学生个人素质作为基本的教育目标，为的是将学生的多种潜能全面开发出来，使学生的知识、能力和素质共同发展、和谐发展，从而提高学生的整体发展水平。

(四) 创造性理念

实现将知识性教育转变为创造力教育是传统教育转向现代教育的重要标志之一。因为在以知识为基础、以脑力劳动为主体的知识经济的概念下，人的创造性作用体现得更为明显，人的创造力潜能也成了最具价值的重要资源。现代教育强调教育教学过程应该是一个极具创造力的过程，要以培养学生的创造力为基本目标，积极挖掘学生的创造力潜能。现代教育主张在营造教育教学环境时，要运用创造性的教育教学手段，还要结合优美的教育教学艺术；在培养人才时，要培养学生的创造力，将学生培养为创造型人才。现代教育认为创新精神和创业精神二者相结合形成的生态链才是完整的创造力教育的构成要素。因此，加强创新教育和创业教育并且促进两者相互融合，培养出创新、创业型人才也成了现代教育的基本目标。

(五) 主体性理念

现代教育其实是一种主体性教育。现代教育对人的主体价值给予了充分的肯定，积极弘扬人的主体性，有效激发教育主体的能动性，并使其在一定程度上得到提高，同时也增强了人的主体意识，提升人的主体能力，使受教育者不再被动接受外在的、客体实施的教育，而是自主地进行自我教育。尊重每一位学生的主体地位是主体性理念的核心。主体性理念主张始终以"学"为中心来开展"教"的活动，最大限度地激发学生的内在潜力和学习动力，将学生转变为积极主动的主体，而不再是被动地接受性客体。真正的教育过程应是学生自觉自主地学习过程和自我构建的过程。因此，主体性理念要求将以教师、教材、课堂为中心的传统教育模式转变为以学生、活动、实践为中心的现代教育模式。这种新颖活泼的主体性教育模式倡导的是快乐教育、自主教育、成功教育及研究性学习等。这种模式能激发学生学习的热情，能更好地培养学生的各种兴趣，能促进学生养成良好的学习和生活习惯，使学生的学习能力不断提高，促进学生积极主动地学习和发展。

（六）个性化理念

多元的个性发展是创造精神和创新能力的重要源泉。我们正处在知识经济这个创新的时代，这个时代需要大批的人才来支撑，而这些人才必然是具有丰富且鲜明个性的人才。正因如此，个性化教育理念才应运而生。现代教育强调的是尊重个性、正视个体差异；它不仅允许学生发展得不同，而且鼓励学生的个性发展；它会采用不同的教育方法和评判标准来对待学生不同的个性特点，会提供更有利于学生个性发展的条件。现代教育注重的是学生的身心素质特别是人格素质的发展，因此，它要求教育教学的每个环节都要贯彻培养和完善个性的理念。首先，在教育实践过程中，个性化理念要求创设个性化的教育环境，营造个性化的教育氛围，搭建个性化的教育平台。其次，在教育观念上，个性化理念提倡精神宽容、地位平等和师生互动，承认且尊重不同学生之间的个性差异，为每一个学生提供平等展示个性的机会，为每一个学生的个性发展提供有利的条件，鼓励每一个学生展示自己的个性和长处。最后，在教育方法上，个性化理念注重因材施教，实行个性化教育，要求针对不同个性的学生采取不同的教育方法，最终达到将共性化教育转变为个性化教育的目的，为学生个性的健康发展提供足够的成长空间。

（七）开放性理念

现如今，我们正处在一个空前开放的时代。科学技术高速发展、日新月异，为我们的生活带来了便利，也让我们的世界逐渐成了一个联系更加密切的有机整体。一种全方位开放式的新型教育打破了传统教育的封闭式格局。这种新型教育从教育资源、教育内容、教育目标、教育观念、教育方式、教育过程和教育评价等方面全面取代了传统的封闭式教育。

（1）教育资源的开放性，即充分开发、利用一切可以利用的教育资源，服务教育活动，丰富教育实践。这些教育资源可以是现实的、物质的、传统的、民族的，也可以是虚拟的、精神的、现代的、世界的。

（2）教育内容的开放性，即设置的教育教学环节和课程内容要面向世界、面向未来、面向现代化，要消除教材内容封闭僵化的弊端，使教育内容变得新颖、开放、生动，更具有包容性。

（3）教育目标的开放性，即教育应该不断地丰富学生的心灵世界，激发学生的创造潜能，不断地提升学生的自我发展能力，不断地拓宽学生的发展空间。

（4）教育观念的开放性，即一个民族的教育要广泛汲取世界上所有优秀的教育思想、教育理论和教育方法。

（5）教育方式的开放性，即教育走的道路应该是国际化的道路、产业化的道路和社会化的道路。

（6）教育过程的开放性，即教育要从学历教育拓宽到终身教育，要从课堂教育延伸到实践教育和信息网络化教育，要从学校教育拓展到社区教育和社会教育。

（7）教育评价的开放性，即改变单一文本考试这一传统的教育评价模式，建立多元的教育评价体系，使教育评价机制更富有弹性。

（八）多样化理念

现代社会所处的时代是一个多样化的时代。高度分化的社会结构、复杂多变的社会生活和多元化的价值取向使教育的发展趋势也呈现出了多样化的特点。首先，教育多样化体现为教育需求多样化。现在经济社会发展十分迅速且千变万化，所以对人才的各方面要求必然会随着社会的发展而变得多样化。其次，办学主体、教育目标和管理体制等也体现出了多样化趋势。最后，教育的形式和手段也变得灵活多样，教育质量和人才质量的衡量标准也逐渐变得弹性化、多元化。以上这些都表明，相关部门或教育机构在管理教育教学过程和设计教育教学活动时，会面临更多的挑战。多样化理念要求相关部门和教育机构根据不同的办学层次、不同的办学类型、不同的管理机制柔性设计与管理教育教学活动。

（九）生态和谐理念

在大自然中，植物、动物、微生物等都无法离开良好的生态环境而自由生长。当然，人也一样。社会生态环境对人的成长的影响是十分重要的，只有舒适和谐的社会生态环境才能促进人才的健康成长。现代教育主张将教育活动作为一个有机的生态整体。从教育活动的内部条件来说，这个整体的和谐性体现为教师与学生的和谐相处、课堂与实践的有机统一、教育内容与方法协调一致等；从教育活动的外部条件来说，这个整体的和谐性体现为教育活动与整个育人环境的协调统一，教育活动与文化氛围的亲和融洽等。现代教育要求教育者在教育的每个环节都要营造融洽、和谐的氛围，以形成完整统一的教育生态链，让人才健康成长所需要的养分、土壤等各因素之间产生和谐共鸣，最终达到生态和谐育人的目的。因此，现代教育倡导的是和谐教育，追求构建有机的生态教育环境，在整体上努力做到教学育人、管理育人、环境育人等，为人才的健康成长创造出最佳的生态环境，以促进人才的生态和谐发展。

（十）系统性理念

随着知识经济和学习型社会的到来，现代教育也实现了终身教育。

对个人来说，教育是其一生中最重要的活动之一；对国家来说，教育是国之大计、党之大计。因此，教育不仅仅是学校的事情，更是整个社会进步与发展的大事；教育不仅是为了提高个人素质，更是为了提高整个国家的国民素质；教育不仅是满足个人精神文明需求的活动，更是国家精神文明建设协调发展的战略性大业。教育是一项复杂的社会系统工程，由多方面的各种要素组成，涉及多个部门、多种行业，因此，想要搞好教育，就必然需要整个社会全员参与，共同奋斗。我国正在形成的社会大教育体系，与传统教育体系明显不同，它以系统工程的理念为指导，进行统一规划、统一设计和一体化运作。它的目标是培养学生的自主学习能力，提高学生的生存发展能力。它主张在社会系统内部各部门和各环节协调运作的基础上，完成健全教育社会化网络的工作，并把该工作作为构建教育环境工作的中心，进而促进大教育系统工程的良性运转。

第二节　高校教育教学管理概述

一、高校教育教学管理的内涵

高校教育教学管理与高校教育密不可分。高校教育教学管理是指管理者组织教育队伍，对高校教育资源进行合理配置，从而高效实现高校教育目标的活动。具体而言，其表现为高校教育管理者施于高校教育管理对象的一种活动。

从概念范畴来说，教育是对高级专门人才进行培养的一种活动。它的对象是受教育者；它的目的在于发展受教育者的身心，并根据社会的不同要求，培养出对社会有用的人；它的过程是在教育者有目的的指导下，使受教育者积极主动地学习基础文化知识、掌握基本的学习和生活技能，使他们的个人能力得到发展，使他们的个人素质得到提高，最终形成良好的思想品德。除此之外，此概念范畴也包括高校的科学研究活动。而教育教学管理的对象是教育资源，其目的是合理调配有限的教育资源，其过程是对教育教学管理活动进行计划、组织、指挥、协调和控制等，以实现教育教学管理目标的动态过程。教育教学管理活动不仅组织、协调、指导着教育、教学、生产、科研等活动，为这些活动的开展提供丰富的资源、创造良好的环境，还将各种资源和内外部条件有效地结合起来，让它们最大限度地发挥作用。

通过上述的比较可知，高校存在着三种活动，即教育活动、科研活动和组织教育科研活动的管理活动，与之相对应的是三个过程，即教育过程、科研过程和管理过程。就三者的关系来看，管理过程与教育过程、科研过程是不同的，却是密切相关的。在高校教育教学工作中，教育过程一直处于中心地位；科研过程有时可以说是教育过程的一部分，与教育过程是相互配合、相互补充的；管理过程是对教育、科研等活动进行组织并提供相关服务的过程，为的是保证教育和科研活动的顺利进行，从而实现最终目标。

教育教学管理要遵循教育规律。能够反映出教育规律的教育理论对于高校教育管理实践有重要的指导作用。其实，管理本身也是一种实践活动。它与三大实践活动（科学实验、生产实践、社会实践）共存，并且对三大实践活动产生影响。[①] 脱离了三大实践活动的管理没有任何意

---

① 龚圣洁. 高校教育教学管理创新的重要性及维度探析——评《高校教育教学管理创新研究》[J]. 教育理论与实践，2024（18）：2.

义；三大实践活动脱离了管理，也不可能有序地进行，并取得成效。与其他一般社会活动的管理相同，教育教学管理也是有自身规律的。教育教学管理的规律不能被教育规律完全替代。也就是说，高校教育教学管理者除了要掌握教育规律，还要研究教育管理的规律，更不能把教育管理理论与教育理论看作同一种理论。

二、高校教育教学管理的特点

通常情况下，管理要解决的矛盾是资源和目的二者之间的矛盾，注重的是将有限的资源进行合理分配，最大限度地获得更大的效益。这是管理区别于其他活动的特殊属性。而合理协调、配置和使用有限的教育资源是教育教学管理的任务，因此教育教学管理也具备了这一特殊属性，但是这也仅仅说明了它具备一般管理所具有的共性。而高校教育教学管理的本质，即高校教育管理过程中各类矛盾的特殊性，是高校教育事业宏观管理的基础和条件。因此，高校教育教学管理理论的研究，应着眼高校管理活动的特点进行分析。

（一）高校教育教学管理目标的特点

培养人才和取得科研成果是高校教育的主要任务，具有很强的学术性。因此，与一般管理相比，高校教育教学管理的目标具有特殊性。

1. 以高校教育目标为主要制定依据

任何社会实践活动都有其预期目标。高校教育的目标是保证培养人才的数量与质量，提高人才的品质与学术水平。而高校教育教学的管理目标是充分利用现有的教育资源，培养出数量更多、质量更好的专门人才，创造出数量更多、作用更大的科研成果，进而取得更好的效益。因此，高校的教育目标是高校教育教学管理目标的主要制定依据，这也是高校教育教学管理目标最主要的特点。这个特点要求在制定高校教育教学管理目标时，高校的各位管理者必须优先考虑用有效的管理来计划、组织教育活动，从而实现教育目标。此外，想要做好高校教育管理、实现最终的教育目标就必须制定明确、科学的管理目标。

2. 方向性特点

方向性是各种管理的共性，高校教育教学管理也不例外，其目标方向性也十分明显，并且深受传统文化影响。因为培养人才是高校教育的主要任务，所以高校教育教学管理比一般管理的方向性更强。一方面，培养人才是受一定的政治观念和价值取向支配的有意识的活动。高校教育采用什么样的教学方法，确立什么样的教育目标，选择什么样的教学内容，最终使学生形成什么样的价值观等都与人的思想和意识有着千丝万缕的联系，而且这些都受各国传统文化的影响。基于此，高校教育教学管理者要使教育目标与国家其他部门确立的目标一致，要确立政策允许的符合实际的教育目标。另一方面，高校教育要服务于经济和社会发展。因为教育周期相对较长，所以人才培养计划必须超前安排，才能更好地适应经济和社会发展的需求。

3. 社会效益性特点

与一般管理一样，高校教育教学管理的目的也是提高效率和获得更好的效益。要想提高高校教育教学管理的效率，高校教育教学管理者必须充分考虑高校教育工作的特点，充分调动教师工作的积极性、学生学习的积极性与主动性，依靠这些教育活动的参加者有效地管理教学和研究活动。

（二）高校教育教学管理对象的特点

教师和学生是高校教育教学管理的主要管理对象。在高校教育系统中，教师是主导性成员，学生是主体性成员，他们有着各自的特点。

1．教师的特点

教师是以掌握专门知识为特点的群体。在对教师进行管理时，管理者应注意他们的心理活动和以脑力劳动为主的集体生活特征，使管理方式与他们这些特征相匹配。同时，教师面对的学生都是具有主观能动性的有意识的个体，因此，教师既是被管理者又是管理者。

2．学生的特点

在管理学生时，管理者要明白学生的身心发展是分阶段的，而且各个阶段有不同特征，因此，要注意采取与他们各个发展阶段的特征相符合的管理方式。教育过程和管理过程深受学生主动性的影响。学生在被教师塑造的同时，又参与了自身的塑造和研究活动。从这个角度来讲，学生不仅是教师的管理对象，也是学校的管理对象。而且，从提倡加强学生的自我管理这个意义上说，学生也是管理者。

高校教育教学管理能否合理配置财力、物力等教育资源，与教师和学生自身以及他们的工作和学习有着密不可分的关系。因此，调动教师和学生内在的主动性和积极性，并且创造有利于他们独立思考的环境，提供有利于他们自由发挥的条件，是高校教育教学管理的一个重要的任务。

（三）高校教育教学管理活动的特点

1．学术性特点

高校教学、科研是分专业、分学科进行的。传授、创造和应用知识是教育教学管理的基本职能。学术水平和应用价值可以用于衡量高校所培养的各类专门人才和高校取得的各种科研成果的质量。教学活动和科研活动的媒介都是知识。也就是说，在高校教育系统中，知识材料，特别是高深的知识材料都处于核心位置。此外，在高校教育教学管理活动中不仅有行政管理，还存在大量的学术管理。学术管理与行政管理有着不同的规律和特点，但是学术管理和行政管理又经常交织在一起，很难严格区分开来。

2．人际交流特点

一般的管理都重视管理者与管理对象之间的相互交流，重视人的因素和行为。在高校教育教学管理过程中，人的因素也起着十分重要的作用。因为这一管理过程是管理者、教师、学生三者之间相互交流的过程。教师要充分地了解学生，用恰当的方式启发学生思维，使学生积极主动地学习，才有可能产生良好的教育效果；师生之间要加强交流，才有可能共同进步；管理人员必须加强与各专业和各学科教师之间的交流，才有可能进行有效的学术管理，进而达到良好的成效；管理人员与学生之间要经常相互交流，才有可能获得对方的理解和支持。可见管理者在高校教育教学管理过程中要十分重视人的因素。

3．综合性特点

高校教育过程是十分复杂的，具有综合性的特点。高校有很多专业，但无论是什么专业，都要体现出德、智、体、美、劳多方面的综合素质要求。高校教育的根本任务是培养人才，但是除了这一根本任务，高校教育还要开展包含多种社会职能、涉及多个不同方面的工作，如科学研究工作、传播社会主义精神文明工作等，有时各项工作之间既相互联系又相互制约。以上这些就要求管理者在管理工作中要善于调动相关人员的积极性，要通过集体的力量推动高校管理活动有效运行。此外，还要注意从整体上综合地分析和处理问题。

4．管理过程难以控制的特点

高校教育管理过程还有一个特点是难以控制，主要体现在三个方面：一是高校教育工作的周期相对较长，管理效能有滞后性，管理工作即使出现失误也难以及时得到反馈。二是教育工作的具体过程很难控制，因为教师的工作方式具有很强的独立性。三是虽然学生培养有一定的质量标准，但与物质产品相比，学生很难定型化、标准化，而且社会供需变化和社会环境等对学生的质量也有很大影响。学生的质量要经过很长一段时间才能得到真实地反映，很难得到检验。更何况学生具有很强的可塑性，每个学生的性格、思想等也千差万别。因此，管理者在管理过程中要注意因时制宜，采取有利于教师因材施教的管理措施。

三、高校教育教学管理的原则

（一）高效性原则

高效性原则直接体现了高校教育教学管理本质，也是高校教育教学管理的具体化表现。它要求用最少的高校教育教学资源，培养出更多合格的高级专门人才，取得更多高水平的研究成果。这一原则揭示了良好的办学效益就是高校教育教学管理所追求的目标，主要体现在经济效益和社会效益两个方面。高校教育教学所培养的人才和取得的研究成果是否对社会、文化、经济等的发展起到最大的促进作用，高校教育教学在实施过程中是否能实现各种资源利用最大化、资源浪费最小化，这些应该作为办学效益的评判标准。办学效益提高的前提条件是在确定总体发展规划、设置具体专业、聘用相关人员等诸多方面，高校教育教学必须有足够的灵活性和活力。

（二）整体性原则

整体性原则是指在充分考虑到各种社会环境因素影响的情况下，围绕培养人才这一中心科学地组织各种工作，使它们有效地配合起来。

整体的功能大于各部分功能的总和是高校教育系统最大的特点。在实际管理工作中，局部和全局之间经常会发生冲突。有时候从某一个部分来看，确实能产生一定的效益；但是从整体来看，损失远远超过局部产生的效益。因此，我们一直强调局部应服从整体。人只有在有具体目标时才会发挥自己的潜能，也只有在达到这个具体目标后，才会获得成就感和满足感。

与一般系统一样，高校教育系统中没有任何一个人或组织可以不依赖其他的人或者组织，而单独满足自身的需要。一种合作行为如果没有管理目标做指导，那么这种行为就没有管理的整体性。因为社会与组织的分工不同，所以高校教育系统中各个工作目标也各不相同，但它们都依赖高校教育总体目标，并在总体目标的指导下相互配合。整体性原则的体现方式在不同功能的组织中也是各不相同的。通常，经济组织一般以功利性为主，强调竞争；军事组织以强制性为主，强调服从。

（三）民主性原则

高校教育领域人才济济，师生思想活跃，追求学术自由。从本质来讲，高校的教学和科研活动都是学术性活动，而这些活动不可能离开民主与自由而顺利开展。

承认个人价值是民主的基础。因此在学校重大事件的决策过程中，每一位师生都有权利发表自己的意见。领导和组织必须以听取师生意见为前提，依据科学的程序做出恰当的决定。这也是学校民主的体现。民主与公正是密不可分的，人们在享受公正待遇的同时也在享受民主。高校教育教学管理者要做到公正，就要建立严格透明的规章制度，平等待人，不徇私舞弊，接受民主的监督。

民主性原则要求高校教育教学管理者在高校教育教学管理中，无论是制定决策、执行决策，还是检查决策执行情况、评定决策执行结果，都要充分发扬民主精神。

（四）动态性原则

动态性原则是指高校教育教学管理者在高校教育教学管理活动中必须根据不同的情况，采取不同的措施进行动态调节，从而使高校教育教学具有一定的适应性和针对性。为了在动态的环境中保持协调发展，动态性原则十分重视高校教育教学管理的创新与发展。高校教育教学承前启后的社会职能决定了其工作不仅仅具有稳定性和继承性，还具有发展性和创造性。在高校教育教学管理中，高校教育教学管理者应该在相对稳定的前提下把握发展，在运动发展的过程中寻求稳定。

动态性原则要求高校教育教学管理者必须重视旧体制、旧办法的改革。不过，有必要的改革有一定的标准：改革不能脱离实际，必须与实际相贴合，必须适应社会的发展需要；学校的教育目标、管理政策、发展计划等要具有灵活性。只有这样，改革才能顺利进行。为了保持管理系统的稳定性，改革一定要遵循循序渐进的原则，不能冒进，不能急于求成。

（五）导向性原则

导向性原则是指管理者用管理手段引导所有组织成员向已经确定的目标持续努力。管理者制定的各种方针政策、采取的各种工作措施、营造的工作氛围等都具有引导作用。

从政治导向上来说，导向性原则主要依据的是高校教育教学管理的两重性规律。其中，两重性指的是自然属性和社会属性。自然属性表现为普遍性、共同性和技术性，该属性决定了我国高校教育可以按照对外开放政策，学习先进的科学技术和管理经验；社会属性表现为历史继承性和政治性，该属性决定了在借鉴各个国家的教育管理经验时，不能全部照抄照搬。一个国家的高校教育必然会受到这个国家政治制度的影响，而且一定会在管理上有所反映。国家的教育方针已经十分明确地规定，高等教育活动培养的人是传承和发展国家及民族文化的建设者和接班人。

（六）依法管理原则

《中华人民共和国高等教育法》是指导和约束中国高校教育活动的根本大法。《中华人民共和国高等教育法》优良结构的系统性夯实了其在高等教育领域母法的地位，对全国高等教育协调发展起到了关键性作用。[①]

从管理体制来说，全国高校教育事业由国务院统一领导和管理。各省、自治区、直辖市的人民政府负责管理主要为地方培养人才的高校和经国务院授权给地方管理的高校，还负责统筹该行政区域内的高校教育事业。国务院的教育行政部门主要负责管理全国高校教育工作和国务院确定的主要为全国培养人才的高校。国务院的其他有关部门在规定的职责范围内，负责相关的高校教育工作。

依法管理的原则，指要依据法律及教育行政主管部门制定的法规，来规范高校教育活动。从高校教育教学管理来讲，依法管理原则要求依法治校，建立健全各种规章制度，依法行政，并通过制度来规范管理者的行为。

---

①史秋衡.《中华人民共和国高等教育法》20 年发展报告——基于高校分类人才培养提质增效视角［J］. 国家教育行政学院学报，2020（2）：15—25，87.

四、高校教育教学管理的改革发展

高校的中心工作是教学工作，大学发展的生命线是教学质量。在高等教育改革与发展的今天，经济、社会持续向好对于高校教育教学质量提出了新要求。因此，高校教育教学管理改革就显得十分必要。

随着教育改革的不断深入与发展，现代教育理念也随之不断变化与更新。而现行教育的新理念有三种，即创新教育、终身教育和素质教育。高校是素质教育和创新教育理念实践的主体；而终身教育是针对现代的知识性社会性质而言的，无法在学校教育阶段实践。现代教育的新理念适应了现代教育培养复合型人才的要求。但是，因为这种理念实施的不利因素是现代教育的管理模式。所以对于现代教育新理念的实施而言，探寻现代教育管理的适应模式具有重要意义。

实施创新教育是历史的必然，而我国在实践落实创新教育的过程中存在着一些困难也是客观事实。通过教育教学管理改革推动创新教育的全面实施，主要有七措施：一是加大宣传力度，树立创新教育意识，走出"高分高能"的认识误区。二是转变教育观念，树立"以学生发展为本"的教育教学观。三是优化课程结构，注重课程设置的综合化、多样化。四是丰富课堂教学。这是实施创新教育的主渠道。五是改变教学组织形式和方法，鼓励学生创新思维，发展学生的创新个性。六是实行开放教育，通过各种活动，培养和开发学生的创新能力。七是改变重知识和智育的单一评价模式，树立弹性、多元的教学评价观。

（一）高校教育教学管理观念的改革

在高校教育教学管理工作中，"以人为本"既是一种价值观，又是一种方法论。它对指导教育教学管理具有三种意义：一是教育的产生和发展是社会发展和人自身发展的需要。社会和人是教育的主体。二是推动人类社会的延续和发展是教育工作的最终目的，而这个目的是通过培养社会所需要的人来实现的，从而决定了教育活动的中心是人。三是只有全面提高人的综合素质，才能培养出社会所需要的人。所以高校教育教学的职能就是把学生培养成为具有主体精神与创造力的人。

1. 由"以事为本"转变为"以人为本"

高校教育教学管理贯彻的"以人为本"的思想应以面向基层、教学活动与服务对象为原则。因此，任何一项教学管理政策、制度、措施的实施都要以此为前提，以促进教师教学活动的自主性与创造性、学生学习的主动性与积极性，进而培养学生的实践能力和创新精神，最大限度地发挥人的创造性和主动性。所以，以"人"为中心应成为当代高校教育教学管理的观念。采取参与式、民主式的管理方式，保障教师参加教育教学管理工作、参与审议学校的重大管理措施的权利，从而为高校教育教学管理提出意见和建议，有利于高校教育教学管理工作的顺利开展，保证教学质量。管理者与被管理者之间存在着双重关系，即工作关系与人际关系。前者强调责任，后者强调感情交流。在高校教育教学管理过程中，管理者应保持这两种关系的平衡，即既要考虑人际关系，互相关爱、增进感情；又要注重工作关系，坚持原则、恪尽职守。

2. 坚持"教师主导，学生主体"的教学原则

在"教师主导，学生主体"的教学原则中，以学生为主体强调的是在学习过程中，以学生为认识的主体，以学生的思维活动为主体，以学生的认知过程为主体。因此，教学活动的最终成效是以学生学到了什么而不是老师教了什么，以及对提高学生素质产生了什么影响为主。这一教育思想的重大转变，实质上也是"以人为本"思想在教学管理过程中

的重要体现。以学生为主体，要求教学的目标应为挖掘学生自主性学习、创造性学习的潜力；教学的形式由组织传授灌输式教学转变为组织参与式教学；教学活动的评价标准由以教师传授、学生接受知识的效果评价转变为以培养创新精神与实践能力的效果评价；考核的目的由单纯检验学生对于知识的掌握情况转变为检验与培育学生的实践与思维能力、创新意识；大学生毕业的就业与创业教育应更多地体现在促进新的经济增长点、培养学生自主创业的开拓精神上。

（二）高校教育教学管理模式的改革

高校教育教学管理模式的改革要求严与宽并存，既要严格要求、明确规章制度、不因人而异，又要进行弹性管理，培养创造性人才。教师在教学管理中要处理好严谨与灵活的关系，为学生的个性发展提供充足的时间和空间，营造宽松良好的环境氛围，便于学生创造性思维的形成与发展。与工业经济时代"标准化"教育的"刚"性管理相比，当代教育是一种建立在鼓励创新型教育基础上的、有较高理论水平的"柔"性管理。因此，现行的教学管理模式的改革，主要是对"刚"性教学管理制度进行改革。在深化教学改革中，教师需要发挥很大的作用。因此，高校管理者必须鼓励教师积极参与教学管理改革。

当前，各高校都开始采取增加选修课、主辅修制、第二学位、学分制等措施，使人才培养模式呈现多样化。但是，存在的矛盾是现有的学时不变，学生没有时间精力选择学习自己感兴趣的课。学分制虽然为学生创造了多方面的学习条件，但是专业课的课程安排紧凑，使学生没有时间提前修课。现在，虽然国家淡化了专业种类，拓宽了专业口径，但是在具体实施过程中仍然有较强的"专业性"，学科交叉的目标还是可望而不可及。因此，改革现有的教学管理制度与方法是教学管理改革的突破口。

（三）高校教育教学管理系统的改革

先进教学思想观念得以应用到人才培养模式中主要得力于高校教育管理部门的有效组织和协调。例如，高校教育教学管理部门的重要任务就是制订人才培养计划，其遵循的原则应是符合培养创造性人才的要求、协调各方面的关系。这对深化教育教学改革有着举足轻重的作用。在改革教育教学内容的同时，高校也不能忽视教学方式的改革。从教学评价方面来讲，传统教育采取的是以传授知识为主的教育模式，这种教育模式是不容易培养学生创新精神的。培养实践能力和创新精神的教育需要运用讨论式和启发式的方法，让学生将动手与动脑结合起来，发掘其独立思考、自主学习、发现提出并解决问题的潜力。

综上所述高校教育管理部门需要运用现代教育观念诊断教学，激发教师教学改革的积极性，重新制定教师教学的评价标准。另外，高校教育教学改革的经费应主要用于创新教育，为提高学生创新意识水平和实践能力服务。传统人才培养模式的重点在于教师教导，而创造性人才培养模式的重点是学生学习。因此，高校教育教学管理既要做好教学管理，又要做好学习管理，加大对学生学习的管理力度，重点应关注学生学习的方法、态度、习惯、效果和风气等。在人才评价标准方面，传统人才培养模式总是把听话、懂事、学习好作为好学生的评价标准。标准单一机械，往往会压制学生的个性发展，扼杀其创新精神。因此，高校教育教学管理应正确对待学生，鼓励学生的个性发展。为学生发展个性、培养兴趣爱好、开发潜能、培养创新精神和创造能力提供条件是高校教育教学管理的责任。因此，高校应建立有利于学生和教师创造性发挥的科学评价体系和评价方法。

第二章 现代教育理念下
高校教学管理创新

第一节 现代教育理念下高校教学管理
创新的必要性

现代教育理念下，高校教学管理是一项重要又复杂的工作。近年来，随着教育体制的不断深化改革，对现代教育理念下高校教学管理创新性发展，提出了更高要求。本节以现代教育理念下高校教学管理创新必要性为切入点，重点对现代教育理念下高校教学管理创新的对策做出详细探究，从而保证现代教育理念下高校教学管理迈上一个新台阶。

建设创新型国家是我国发展的重大战略。如何实现创新型国家，关键在于创新型人才的培养与储备。现代教育理念下高校作为创新型人才培养的重要阵地，对创新型人才的培养成为现代教育理念下高校教育教学管理的重中之重。

一、现代教育理念下高校教学管理创新发展的必要性认识

随着教育体制的不断深化发展，培养创新型人才成为现代教育理念下高校首要的教育工作。现代教育理念下高校教学管理的创新不仅是时代发展的需要，还是国家建设的需要。另外，受市场经济体制的影响，

现代教育理念下高校不断发展进步，必须进行教学管理的创新工作。

自 21 世纪以来，世界各国综合国力的比拼愈来愈白热化。而有效提高综合国力的关键在于科技实力的提高和创新型人才的培养。现代教育理念下高校作为培养人才的主要场所，学生的创新教育成为重中之重。因此，现代教育理念下高校首先应该改变思想，重新审视传统的教育理念，重新定位创新创业型人才的培养目标。同时要从教学管理制度入手，对专业设置、人才培养目标重新进行创新性定位，优化现有的教学管理制度，制定满足培养学生实践能力、创新精神和创业能力的教学管理制度。现代教育理念下高校教师在教学过程中要充分考虑并尊重学生的个性差异，懂得因材施教。另外还要注重学生的个性化发展，培养学生的自主学习能力，并为学生自主学习创造有利的环境和氛围，采取灵活多变的教学方式，充分为学生的实践活动提供指导，从单一的课堂教学转变为教学竞赛一体化的教学模式，充分发挥学生的主体作用，把教学的主体从"教师"向"学生"转变，从而为社会培养出更多的创新型人才打下基础。

二、现代教育理念下高校教学管理创新性对策研究

教学管理工作作为现代教育理念下高校工作的重中之重，若要实现现代教育理念下高校教学管理的创新就要立足全面分析问题，并从整体入手进行优化，既要坚持虽然传统却行之有效的管理模式与经验，又不排斥学习引进先进的管理方式。

（一）坚持"以人为本""以学生为本"的指导思想

理念是行为的主导，正确的理念能够引导人们在正确的道路上前进。它对教育实施者的行为产生影响，对教学内容、课程设置、教学方

法、教育目的乃至师生关系也有影响。现代教育理念下高校的教学管理创新，归根结底是教学管理理念的创新，革新教育管理理念是根本。其科学发展的核心是"以人为本"，国家发展是这样，现代教育理念下高校教学更是如此，必须坚守理念。在现代教育理念下高校教育过程中，坚持"以人为本"就是"以学生为本"，所有教学管理工作都要秉承"一切为了学生，为了学生的一切，为了一切的学生"的管理原则，将人文关怀渗透到日常教学与管理活动中，尽可能凸显教育方法的开放性与灵活性，最大限度地保留大学生的个性差异，让他们在现代教育理念下的高校中培养出强大的自主学习意识和创新创业能力，使学生成为社会发展与国家进步所需要的优秀创新型人才。

（二）加强教育者自我学习，提升整体管理能力

加强对现代教育理念下高校教学人员的管理，不断提高管理人员的整体工作水平，主要包括以下三方面内容。

（1）思想政治修养的加强。现代教育理念下，高校作为文化传播的重要场所，身上肩负着培养人才、发展科学和社会服务的重担。因此，现代教育理念下高校教学人员首先要具备高度的责任心，用严谨、认真、负责的态度对待工作，这是现代教育理念下高校教学管理创新性发展的前提。

（2）掌握现代教学管理的理论知识。为了提高现代教育理念下高校的教育管理水平与教学质量，每一位现代教育理念下高校教学人员都应该全面掌握现代教育理论知识，尤其对教育心理学、教育管理学等方面的学习，还要对教育教学管理制度有充分的了解，这样，才能保证教学管理工作顺利开展。

（3）现代教育理念下高校教学人员应该具备一定的创新能力和创新

意识。为了使现代教育理念下的高校更好地发展，教育不断改革，具备创新能力和创新意识是不可忽视的重要内容，只有具备这两方面能力，才能为现代教育理念下高校献言献策，提出新的发展方向，为现代教育理念下高校创新性发展提供实践和理论基础。只有在创新的道路上不断前进，找出适合自身的发展道路，才能使学生个性化发展得到保证，才能不断提高学生学习积极性。

在"互联网＋"的时代背景下，现代教育理念下高校教学人员的技能要求更高。网络、电脑、智能手机等都成为教学管理工作的重要工具。这就要求现代教育理念下高校教学人员在工作中自觉地多学习，积极发挥创新意识，多掌握一些网络技术，不仅工作效率可以得到保证，还能保证教学各项工作的准确率。

（三）充分发挥"双效激励机制"

充分发挥"双效激励机制"，该激励制度不仅是教师积极参与教学管理的基础条件，还是激发学生主动学习的动力。[①]"双效"其一指对教师的激励机制。现代教育理念下高校要进一步完善针对教师所实施的各类福利政策，让教育者毫无后顾之忧地投身教学工作。一方面要不断加大课时津贴、教学奖励等福利政策的实施力度，另一方面要鼓励现代教育理念下的高校教育者将个人兴趣融入教学活动中，改变重科研轻教学的倾向，做到教学与科研两手都要抓，两手同时抓，为教师努力营造出公平合理的教学管理氛围。"双效"其二就是指对受教者——学生的激励机制。充分发挥对学生的激励机制，是提高学生学习积极性与创新性最行之有效的措施。首先，引导学生提高自主学习能力及创新能力。

---

① 谢爱林，江雯斐. 高等教育管理与教学创新研究［M］. 长春：吉林人民出版社，2023：42.

现代教育理念下高校要给学生创造良好的学习氛围，引导学生树立正确的世界观、人生观和价值观。其次，现代教育理念下高校要多途径、多方面为优秀学生搭建创新平台，学生接受教育的场所不再单一地局限于课堂，通过诸如课程实践、实习、竞赛等多途径为学生发展提供机会。最后，建立学生参与教学的管理制度，让学生通过校方的正规途径充分了解学校、学院在教学管理方面的创新性工作，从而更好地发挥学生的主观能动性。面对新时期现代教育理念下的高校发展，建立"双效激励机制"已是必然趋势，支持教育者与受教者的工作与学习，让教与学在现代教育理念下的高校教学中发挥出最大的功效与潜力，从而达到教学目标的最优化。

（四）深化教学管理体制创新

为了满足新时期我国经济体制发展需求，教育体制要适时进行相应的改革与创新。学校主要进行宏观政策、机制上的调整，进行相应评估检查，各个学院的主要职责是对教学过程和教学质量进行监管。首先，现代教育理念下高校教学管理重心要下移，高校要改变传统专业课程的设置模式，让全体教师都主动参与到教育教学改革、学生课程培养方案优化工作中，从而不仅能发挥出教师的各自优势，还能节约现代教育理念下高校教育资源。其次，完善现代教育理念下高校教学管理中校、院两级分级管理模式，重点强调院系教学管理的主体地位，明确其中的权利与责任。最后，建立更加科学的学分制度，努力促进现代教育理念下高校教育思想、教育观念、教学模式、教学内容与方法的变革。

现代教育理念下高校教学管理创新工作是大势所趋，必须凝集国家、现代教育理念下高校和社会各界的力量共同完成，秉承"以人为本"的科学发展理念，努力提高自身的管理能力，充分发挥"双效激励机制"，努力深化教学管理体制创新，为现代教育理念下高校教学管理创新迈上新台阶奠定坚实的基础。

第二节　现代教育理念下高校网络教学管理的创新

随着网络信息技术的发展和现代教育理念下高校教学改革的不断深入，现代教育理念下高校教学管理信息化建设在资金、人员、教学管理软件，以及教学评价标准方面都跟不上发展的速度。现代教育理念下高校要进一步提升教学管理的科学化和现代化水平，就要在电子教务管理系统、管理人员信息素养、筹资渠道、教学管理软件、教学评价机制、可持续发展等方面积极探索教学管理信息化建设的新路径。

现代教育理念下高校教学管理信息化是现代教育理念下高校利用先进的计算机、数据库和网络技术，实现教学信息的资源共享，使传统的教学管理向规范化、科学化、数字化和网络化发展，最终形成与现代教育理念下高校教学管理发展并存又相互作用的虚拟教学管理系统。近些年，随着现代信息技术的飞速发展和网络基础设施的不断完善，现代教育理念下高校教学管理信息化建设取得了重大进展，采用信息技术运行的各种教学管理信息系统更是得到了广泛的应用，促进了从宏观到微观的高等教育管理体制的改革与创新。

一、现代教育理念下高校网络教学管理信息化建设的背景

随着科学技术的进步和全球经济的飞速发展，人类社会已进入一个

崭新的信息革命时代，即网络时代，21世纪对现代教育理念下高校人才的培养也提出了更高的要求。当前，现代教育理念下高校教学管理工作面临着网络新时代发展背景，具体体现在以下三个方面。

一是现代教育理念下高校网络教学管理面临的新问题和挑战。21世纪是一个信息技术高速发展的时代，以计算机技术、网络技术以及各种新媒体手段为核心的信息技术纷纷出现，并被广泛应用于社会各个领域中，成为拓展人类能力的主要工具。在这样的信息化环境下，现代教育理念下高校的教学管理工作面临着新的机遇和挑战。一方面，现代教育理念下高校可以充分利用现代化的信息教育手段来开拓教学管理工作的新局面，促进教学管理理论和方法的创新，提高教学质量，探索与发展全新的教学管理模式；另一方面，现代教育理念下高校教学管理在运用各种现代化信息技术教育手段的同时，也面临着科技新发展所带来的各种挑战。例如，各种新媒体及网络技术的购买和维修成本高，对现代教育理念下高校经费的投入提出更高的要求；新教学设备的维护工作又对专业的技术支持人员提出新的需求。

二是现代教育理念下高校大力推行教学管理改革。近年来我国高等教育事业获得快速发展，学校办学规模不断扩大，在校学生人数持续增加，毛入学率不断提高。我国高等教育正在逐渐由精英教育向大众教育转变，这给现代教育理念下高校教学管理工作带来了前所未有的压力和挑战，如何确保高等教育教学质量，防止教学质量滑坡成为社会各界重点关注的问题。显然，现代教育理念下高校过去传统的教学形式和管理体系已经难以适应大众化高等教育的发展。为了应对这种挑战，国内很多现代教育理念下高校进行了以选课制、学分制、弹性学制为核心的教学管理改革。选课制是学生在一定的规则范围内，自主选择所修的课程。学分制与学年制相对应，以学分考核学生的学业完成情况，用规定的毕业最低总学分来衡量学生的学习量和毕业标准。弹性学制是学分制的另类发展和表现，指学生可以根据自身的条件和特点来安排学习，其最大特点是学习时间的伸缩性、学习过程的实践性以及学习内容和学习方式的选择性。这些教学管理改革在一定程度上满足了现代教育理念下高校教学管理信息化建设的需求。

三是当代社会对创新型人才的需求。21 世纪是知识经济的时代，是全球政治经济一体化、文化多元化的时代，社会、科技和经济等各方面的发展对人才的培养提出了更高的要求。创新能力越来越成为各国衡量人才的首要和关键标准，高素质的创新型人才越来越成为推动社会各领域飞速发展最重要的推动力，他们能够有效地推进创新型组织及创新型国家的建设。自 1995 年我国提出科教兴国战略以来，创新人才培养成为国家人才战略的核心，而实施科教兴国和人才强国战略，就必须加强科技创新和教育创新，在社会的各个领域培养出具有国际竞争力的创新型人才已成为我国教育事业的首要目标。现代教育理念下高校要顺应时代发展的需要，实行高效且操作性强的教学管理新模式，注重对学生创新能力和综合素质的培养，充分运用信息技术手段进行教学管理，提高教学管理效率，实施个性化教育，培养创新型人才。

二、现代教育理念下高校教学管理信息化建设的新路径

网络时代，现代教育理念下高校教学管理信息化在高等教育改革和发展中起着越来越重要的作用，为了进一步提升高等教学管理的科学化和现代化水平，各现代教育理念下的高校要在电子教务管理系统、管理人员信息素养、筹资渠道、教学管理软件、教学评价机制、可持续发展

等方面积极探索教学管理信息化建设的新路径。

建立信息化电子教务管理系统。现代教育理念下高校要根据自身的实际情况，利用现代信息技术，建立以信息化为平台支撑、完整统一和技术先进的电子教务管理系统，实行以信息化为平台支撑的教学管理改革，实现智能性、互动性、个性化的教学管理。建立信息化的电子教务管理系统，现代教育理念下高校要从三个方面着手：一是建立完备、可靠的教学信息处理系统，在各教务管理部门间实现统一的信息浏览、成绩管理，通过对学生基本信息的高速共享，促进教学管理部门之间的高效协作；二是建立集教务工作自动化和信息化为一体的先进的电脑网络系统，通过电子化、无纸化、信息化，实现教学管理的规范化，提高教学管理效率；三是随着教育资源管理系统、课程管理系统、课程制作系统、智能答疑系统、作业与考试系统等的相继出现，推行以选课制、学分制、弹性学制为核心的教学管理改革运动，实现个性化教育和创新人才培养。此外，现代教育理念下的高校要利用网络技术，发挥互联网的优势，建立教育资源库和校园门户网站，为学生和教师提供便利的网上教学平台，为师生构建网上协作学习的良好环境。

提高教学管理人员的信息技术素养。现代教育理念下高校教学管理信息化建设对教学管理队伍的综合素质提出了更高的要求。提高教学管理人员的信息技术素养和信息管理能力是实现教学管理信息化的关键。首先，在新任教学管理人员的招录上要针对信息技术素养设定一定的录用标准，通过现代化信息教学设备的实际演练和操作进行能力考核，择优录取。其次，要对新任教学管理人员进行信息技术培训，根据岗位特点，有针对性地加强信息管理知识的培训，提高计算机、网络技术和多媒体技术的应用水平，从而扫清技术和操作上的障碍。最后，对在职的教学管理人员进行年度性的信息素质考核，通过制定有效的惩罚和奖励机制，促使教学管理人员主动适应信息化社会发展的需要，不断提高自身的综合素质，不断积累计算机、网络、多媒体技术等方面的知识，更新和拓宽自己的技能领域，熟练驾驭现代信息教学技术。通过这三个途径最终要打造一支具有教学管理经验和创新能力，能熟练应用基于网络技术的教学管理信息系统的高素质的教学管理队伍。

多渠道、多元化筹措资金。长期以来，我国现代教育理念下的高校形成了以财政拨款为主要经费来源的筹资格局，虽然自20世纪80年代以来国家财政和各级地方财政对教育经费拨款逐年增加，但是由于高等教育规模的不断扩大以及物价指数的飞涨，单一的国家投入远不能满足现代教育理念下高校发展的需要。因此，要借鉴发达国家现代教育理念下高校教学管理信息化的经验，结合市场经济的发展特点，通过广泛的社会服务和参与，形成以国拨经费为核心，多渠道、多元化的筹资体制，充分发挥中央政府、地方政府以及现代教育理念下高校在教学管理信息化建设中的集资作用。中央与地方政府除了每年向现代教育理念下高校提供固定的财政补助外，要通过制定相关税收优惠政策，鼓励和支持各种社会团体、企业和个人参与到现代教育理念下高校信息化建设中，通过引进技术和资金，更新落后的教学管理硬件配套设施，建设性能优异的电子教务管理系统。现代教育理念下的高校要结合自身的实际情况通过各种合法手段获取办学经费。

开发优质的教学管理软件。优质的教学管理软件是实现教学管理信息化的重要条件。目前，我国不少现代教育理念下的高校都是委托校外某个公司或机构来完成教学管理信息软件和系统的程序设计与开发，而学校教务管理部门本身并不参与或很少参与这个过程中，导致开发出来的教学管理软件和系统在实际应用中存在很大的局限性。因此，各级教育主管部门、各现代教育理念下的高校要组织本校那些既懂现代信息技术又懂教学管理的人员共同开发研制质量高、适用性强的教学管理软件，而教务处的系统规划者也必须全程参与开发过程。在具体的开发过程中，要采用国家标准和教育部对教育信息化管理的规范，充分考虑上级教育主管部门对学校和下级管理部门的要求，实现数据的完全共享，提供完整的信息指标体系，使其内容能够满足各种类型现代教育理念下高校的需求。

建立教学管理信息化的评价机制。科学的教学管理信息化评价和激励机制可以有效地促进教学工作水平和教学质量的提高。为了有效促进现代教育理念下高校教学管理信息化建设的发展，各现代教育理念下的高校要根据不同层次和类型的教学工作要求，制定科学合理的评估指标体系，采取切实可行的评估方法，对各层次和类型的教学管理工作进行科学客观地评估，为今后改进教学管理工作提供科学的依据。此外，要建立支持教学管理信息化的教学评价标准，对教师因运用信息化技术进行教学而增加的额外工作量进行合理评估，并建立与之相对应的物质奖励机制或采取课时抵用的合理计算方法，从而提高教师进行信息化教学的积极性。对信息技术与教学的结合而产生的教学模式和学生学习效果的改变也要建立一套合理的评估体系，支持现代教育理念下高校教学管理信息化建设的进一步发展。

促进教学管理信息化建设的可持续发展。现代教育理念下高校教学管理信息化建设是一个漫长而曲折的过程，要努力使其实现可持续发展，具体要做到三个方面：一是实施教学管理信息化的全面、协调发展。教学管理信息化的实施不仅要体现对学校教学工作的重要支持，还要体现对科研、行政管理和社会服务的支持，要让教学管理信息化带动现代教育理念下高校整体信息化的协调发展。二是对教学资源进行优化配置、合理利用与保护。教学管理信息化系统是一个较为复杂庞大的管理系统，包括硬件设备、应用软件以及管理人员等各种资源，在具体的教学管理工作中，要对这些资源进行优化利用和配置，同时也要做好这些资源的维持和保护工作，发挥它们的长期效用。三是加强各级教学管理人员的信息技术能力建设，通过不断提高教学管理人员的信息技术素养，不断深化现代教育理念下高校教学管理信息化进程。

总之，现代教育理念下高校教学管理的信息化建设是当今高等教育发展的大势所趋，也是适应当今网络时代对创新人才培养的要求，各现代教育理念下的高校要充分利用现代信息技术，探索新的教学管理模式，促进现代教育理念下高校教学管理信息化建设的发展，进一步提高教学管理的科学化和现代化水平。

第三节　现代教育理念下高校教学管理创新发展探索

现代教育理念下高校教学管理创新发展是时代变革发展的必然趋势。现代教育理念下高校教学管理现状主要表现在教学管理工作认识程度不够及教学管理数字化程度相对薄弱。建立"以人为本"的现代教育理念下高校教学管理理念；构建现代教育理念下高校教学管理网络信息化运行机制；开展"精细化"现代教育理念下高校教学管理模式是现代教育理念下高校教学管理创新发展的有效途径。

随着我国科教兴国战略的推进实施，高等教育事业实现深刻变革与巨大发展。适应时代发展需要，是我国高等教育改革与发展的基本目标与要求。党的二十大报告对于加快推进教育强国建设，加快建设高质量教育体系，办好人民满意的教育进行了详细丰富、深刻完整的论述，其中有许多创新的提法。现代教育理念下高校教学管理工作是现代教育理念下高校管理工作的核心内容，是现代教育理念下高校培养高质量人才服务社会的重要保障。根据现阶段我国高等教育发展的实际情况和发展特点，国家教育相关管理部门对现代教育理念下高校的教育管理已经提出了新要求，尽管我国高等教育发展过程中对教学管理做出了相应的改革，但在应对新形势下的高校教育教学中面临的问题还是存在部分限制因素，这在一定程度上阻碍了教学质量的提高。因此，通过改革创新教学管理模式是我国高等教育适应时代发展的现实要求。

一、现代教育理念下高校教学管理创新发展的必要性

（一）是时代变革发展的必然趋势

步入 21 世纪后，社会改革发展使得社会政治、经济、文化及教育等方面都发生了巨大变化。现代教育理念下高校作为社会发展输送人才的主要阵地，根据时代变革特点打破原有的教育管理模式，提升教育质量是现代教育理念下高校教学管理创新发展的基本原则。据教育部数据统计，与改革开放初期我国专业教师人数 20.6 万人相比，截至 2023 年我国的现代教育理念下高校专业教师的数量已经达到 207.49 万人，师资数量及结构发生了巨大变革，中青年教师及青年教师成为师资结构的主要组成部分。随着时代的变革发展，如此庞大的教师队伍是现代教育理念下高校教学管理进行创新改革的所要考虑的重要层面。2016 年 6

月，教育部印发了《关于中央部门所属现代教育理念下高校深化教育教学改革的指导意见》明确指出，提高人才培养质量是高等教育的核心任务，深化教育教学改革是新时期高等教育发展的强大动力。2019 年 10 月，教育部《关于深化本科教育教学改革全面提高人才培养质量的意见》提出，大学要坚持立德树人，严格教育教学管理，深化教育教学制度改革。① 当前，在现代教育理念下高校教学管理中要深入推进信息技术与教育教学管理深度融合是时代变革中教学管理创新发展的必然趋势。

（二）互联网技术普及应用为现代教育理念下高校教学管理提供新契机

随着互联网信息技术的不断发展，当前社会已经进入"信息时代"，互联网的普及已经成为社会发展的趋势并逐步应用于各领域。建设以互联网应用为基础的网络信息化管理是现代教育理念下高校教学管理改革的重要途径。互联网技术的应用使得在管理方面更为精准化、人性化及集约化，现代教育理念下高校在教学管理中运用互联网进行多种信息传播将更为技术化，在操作过程中精准程度将大幅度提高。同时，在劳动强度方面可以极大地减少工作人员的工作量，提高日常教学管理的工作效率。现代教育理念下高校通过互联网技术与现代教育理念下高校管理服务体系的深度结合，利用互联网带来的公共数据资源的开放获取优势，可以形成在线"一体化"公共服务体系，将服务资源进行有效整合，实现数字化及智能化的现代教育理念下高校教学管理服务模式。

---

①王建. 试论我国本科教育教学改革政策的特点［J］. 高教论坛，2020（2）：35－38.

二、现代教育理念下高校教学管理创新发展的有效途径

（一）建立"以人为本"的现代教育理念下高校教学管理理念

现代教育理念下高校教学管理的本质就是在教师从事教育教学过程中尽可能地进行辅助服务，"以人为本"的现代教学管理新理念，其核心就是围绕教师和学生通过使用科学的管理模式对学生及老师开展教学管理工作，与传统的管理模式相比弱化了以理性为中心开展管理工作，是当前现代教育理念下高校教学管理改革发展的必然趋势。一方面，现代教育理念下高校管理人员通过提升自我服务意识，对学生及专业教师的个性化需求给予最大化地满足，在教学、科研及服务管理过程中做到规范管理、人性管理和民主管理，切实做到以人为本，突出人性化的教育管理理念。另一方面，要重视学生的地位。学生是现代教育理念下高校教学管理内容的重要组成部分，通过发挥学生的主观能动性可以激发学生的学习兴趣，进而提高教师的教学效果，最终达到培养人才的目的。

（二）构建现代教育理念下高校教学管理网络信息化运行机制

"互联网＋"与现代教育理念下高校教学管理工作的紧密融合使得信息资源高度共享得以实现。现代教育理念下高校网络信息化运行是为学生及教师办理日常事务提供服务的最简化途径。应用教学管理信息化系统是现代教育理念下高校进行网络化办公的主要方式。提高现代教育理念下高校教师及学生对教学管理信息化系统的使用效率是构建现代教育理念下高校教学管理网络信息化运行机制的根本目的。积极引导现代

教育理念下高校学生正确、快速地使用现代教育理念下高校教学管理系统，减少现场办公环节，对提高现代教育理念下高校教学管理工作的效率起着积极作用。同时，在完善教学评价过程中，网络信息化提供的大数据可以及时分析教学过程中发现的各类问题，教师通过数据分析结果及时调整教学内容，最终会促进整体教学效果的提高。现代教育理念下高校教学管理在大数据的支撑下可以从宏观向微观转变，对群体的分析与观察逐步转向个体，在分析具体学生的反馈数据基础上进行实时跟踪，以实现现代教育理念下高校教学管理质量的显著提升。

（三）开展"精细化"现代教育理念下高校教学管理模式

"精细化"管理模式主要是通过细化分工实现最佳管理效果的一种职责明确化方式。在现代教育理念下高校的教学管理中，开展"精细化"教学管理是现代教育理念下高校教学管理创新发展的有效途径。现代教育理念下高校的"精细化"管理模式主要是通过对正常运行的教学管理的各个主要环节进行合理策划、精心组织，紧扣管理中的实际情况依据以人为本的主要原则加大管理力度，实现教学管理从量的改变到质的提升。一方面，通过"精细化"管理加强现代教育理念下高校管理工作人员的素质提升。制订精细化的教学管理工作人员素质提升计划对其展开培训。利用聘请专家进行专业化讲座及参观培训的方式，对精细化管理相关实践技能开展有效学习，逐步掌握流程化的管理技巧。另一方面，要构建精细化考核监控体系。通过精细化的管理考核体系可以激发现代教育理念下高校管理工作者的工作情绪，调动其积极性和主动性，同时在不断完善的奖惩机制过程中，激励教学管理人员进行改革创新。

第三章　高校学生与教师管理模式创新

社会和时代的进步促使高校学生的素质水平趋于复杂化，这也对高校学生管理提出了更高的要求，在新形势下要探索高校学生管理模式的创新思路和方法，为我国高等教育的可持续发展提供良好的动力支持。本章分为高校学生管理模式创新的必要性、高校学生管理新型模式的职能、高校学生管理模式创新的路径三个部分，主要包括高校学生管理新型模式的教育职能、管理职能和服务职能，树立正确的学生管理理念、构建多元化协同管理的学生管理体系等内容。

第一节　高校学生管理模式创新的必要性

一、经济社会快速发展的必然要求

随着市场经济的发展，高校学生管理正面临一系列转变，如学生工作的部分管理职能正在向服务职能转变；大学生就业正在由国家分配向自主择业转变；固定学制正在向弹性学制转变；经济困难学生的资助由原来的发放助学金、困难补助向助学贷款和勤工助学转变等。这一系列转变使原来传统的学生管理理念、管理模式的问题日益凸显，难以满足市场经济条件下高校发展的要求。而目前与之相适应的新的学生管理理念和模式尚未完全形成，这就为高校的学生管理带来了新的考验。

二、信息化时代发展的必然要求

在信息化迅速发展的今天，网络的发展和普及为高校学生管理提供了新的阵地和领域，提高了工作效率，为学生管理带来了难得的机遇。但网络同时也给学生管理带来了新的挑战。一是由于网络信息的丰富性和开放性特点，学生工作者在获取信息的渠道、时间、数量上与大学生相比明显不占优势；二是网络的虚拟性、隐蔽性使得网络成为有害信息的滋生地和传播地，使得大学生难以判别和抵御，有的上当受骗，还有的沉溺于网上的虚拟世界不能自拔，这就为高校的学生管理带来了新的挑战。

三、适应我国高等教育发展的需要

高等教育的全球化给高校学生管理模式提出了更高的要求。在这种情况下，高校学生管理必然要与世界先进高校的学生管理接轨，用新的管理理念、管理体制、管理模式来适应时代发展的要求。同时，教学体制改革使学生管理面临新的变革。目前，全国各高校普遍实施了学分制。在学分制下，学生管理打破了学年制整齐划一的教学管理模式，学生管理工作不仅局限于本专业学生，还要管理由选修课程带来的其他专业或其他学校的学生。同时，学生管理除了对学生进行教学和思想生活管理外，还需要帮助学生构造合理的学科知识结构，指导学生由定向学习变为自主选择性学习。因此，学生管理必须实现由学年制下的指令性管理向学分制下的指导性管理转变。

高等教育从精英教育向大众化教育的转变，是一国经济发展到一定阶段的必然产物。这种转变，并不仅仅体现在大学生量的变化，而是规模、结构和性质上质的不同，学生群体的异质性程度显著增加。在这一大环境下，就要求高等教育在注重全体学生获得知识和体验的同时，更要注重学生个体发展的差异，注重发现和开发学生的闪光点，强调给学生创造一个自主发展的空间，让其充分发挥个性优势，形成独立的人格和突出的个性。但目前高校学生工作仍然沿用"以管理为主"的工作模式和忽视学生个性的培养方式，在研究学生、服务学生、尊重学生个性方面还停留在意识层面，与高等教育大众化的要求不相适应，必须及时加以改革。

经济全球化是当今世界发展的趋势，作为"受经济发展制约"的高等教育，在经济全球化的浪潮中必然走向国际化。高校也必须根据经济全球化的要求，调整办学思路和人才培养目标，改变教学内容和方法，改革学生工作模式。近年来，国内外高校都把学生工作的重点放在大学生人文素质教育、学生考研、就业指导、法律援助、心理健康教育、勤工助学、社区服务等方面，强调对学生的指导和服务。国内外高校学生工作的经验表明，以服务为核心的教育管理观念是学生工作得以成功开展的核心所在。创新高校学生管理模式应成为发展我国高校学生工作的突破口与重点。这既是总结过去、面对现实的理性选择，更是着眼未来的现实需要。

伴随着我国经济的迅猛发展，国际地位的不断提升，各级政府都十分重视职业教育，纷纷优先发展高等职业教育，积极培养高层次的技术型人才。目前我国高校教育实现了历史性新的跨越，我国高校学生的素质、培养等方面的情况越来越受到各行各业尤其是用人单位的关注。高校的扩招、素质教育、自主择业等一系列改革措施的出台，都直接影响高校学生管理模式的实施，都促使学生管理模式要尽快适应新形势，以保证高校快速及时地培养能适应社会发展的技术型人才。

四、帮助大学生更好地适应社会环境

高校与社会之间的联系为本科生带来了更多发展自我、展示自我的机会，但由于社会上信息混乱，一些本科生放松警惕，出现上当受骗的现象。为此，高校应加强对学生管理模式的关注，增强本科生的安全意识，防止类似事件发生。另外，社会上的很多不良风气和言论会潜移默化地影响本科生的世界观、人生观、价值观，从而导致他们朝着不健康的方向发展。高校必须坚持预防为主的指导方针，从新的角度出发，管理学生，增强他们的自我保护意识。所以，目前各大高校应更新教育管理理念，不断加强大学与社会之间的联系，不断创新学生的管理模式，完善高校管理制度，以帮助学生在毕业后获得足够的社会经验，更好地完成从大学到社会之间的过渡。

第二节　高校学生管理模式创新的路径

一、树立正确的学生管理理念

俗话说"纲举目张"，树立正确的学生管理工作理念是高校创新学生管理模式的前提。根据实际情况，高校需要树立"以学生为本""为学生服务"和"全过程"等管理理念。

（一）树立以学生为本的管理理念

以人为本是一种价值观的表现形式，它把人的本质作为最重要的东西，把人作为一切工作的基础，考虑从人本身的需求出发，以实现人的价值为最终任务。① 放到学生管理工作中，就是要以学生为基本出发点，把学生的个人发展放在首位。主要表现在三个方面：①强调尊重学生的主体地位；②充分尊重学生的需要，把学生关心的问题和需要解决的问题当成最重要的事情来处理，满足学生的合理需要；③肯定学生的价值。在以人为本的管理理念中，学生的价值必须肯定，这是以人为本管理的基础。作为现代教育管理的一个十分重要的思想，以人为本的管理理念激发的是人的主体性和创造性的统一，强调了社会发展与个人发展的统一。

将"以人为本"的管理理念贯彻到高等学校教育实际过程中就是"以学生为本"的现代教育观。这一教育观念的基本内容就是要理解、尊重、服务、依靠和相信学生。就是要把学生这一教育服务的对象，真正作为学校工作的主体，所有的工作都围绕着学生工作这个重心开展，充分地考虑到学生的需要，并促进学生个人的发展；要把培养学生的综合素质作为衡量和评价一切学生工作成败的唯一标准，高度重视学生综合素质的提高，努力使学生的受教育经历得到个性化的发展，成为一个完整的社会人，使学生在受教育的过程中能树立起正确的世界观、人生观和价值观。

教育工作的最终目的是推动人类社会不断地延续和发展，但这一目的是通过培养社会所需要的人来实现的。因而各高校在围绕本校的发展战略构架出明确的工作理念的同时，在学生管理上应树立以人为本的理念，以学生为本，为出发点、落脚点和归宿，注重学生的个性发展。同时，在学生工作中注意管理和服务思想并重。

---

①杨潇. 高校学生管理工作与法治化研究［M］. 北京：北京工业大学出版社，2021：112.

1. 注重学生的创新性发展和个性化发展

新形势下的学生管理工作要突出学生的主体地位，尊重学生个性的张扬与优化。全面注重学生创新意识和综合素质能力的培养，实现学生的多层次多维度的成才目标，全心全意地服务学生的各方面，充分尊重学生在管理工作中的合理权利、主动性、积极性和创造性。具体可以通过理想信念教育，为学生进行自我选择和自我调整提供精神动力和行动指南；通过正面引导、反面惩戒来进行学生的需要诱导，即从道理上说服学生，促使学生明辨是非，权衡利弊，从而使学生正确规范自身行为，调整自己在学习、生活中的需要；通过动机激励、过程磨砺、利益驱动来进行学生的需要驱动，激发学生内在成才动力。

2. 注重体现学生的主体地位

要根据"依法治校、科学管理"的要求，一方面，明确地告诉学生，他们在学校里享有什么样的权利，在充分享有权利的同时不能忽视应尽的义务；另一方面，对学生的合法权益要予以维护，针对学生的决定，要做到程序正当、证据充足、依据明确、定性准确、处分恰当，学生对学校的处理享有陈述、申辩和申诉权，学校要有明确的程序，使他们在开放的环境中健康成长，从而建立起一种师生互动、沟通频繁的有利于学生积极主动参与管理的新机制。

3. 实行人性化管理

高校是培养人才的重要阵地，始终担负着为社会培养高素质的建设者和接班人的神圣使命。在现行的高校学生管理体制中，管理目标的抽象化和格式化也是高校学生管理的一大弊病。高校学生管理与学校的其他工作目标是一致的，都是为社会培养人才。

人性化管理是以情服人来提高管理效率的，人性化管理风格的实质在于充分尊重被管理者的自由和创造才能，从而使得被管理者以满足的心态或以最佳的精神状态全身心地投入学习和工作当中去，进而直接提高管理效率。人性的管理是情、理、法并重的管理，而不是放任管理，也就是我们提倡的教育人性化。对高校学生实行"以人为本"的管理模式抓住了学生管理中最核心的因素，因为学生管理就是人的管理。人的需求、人的属性、人的心理、人的情绪、人的信念、人的素质、人的价值等一系列与人有关的问题均成为管理者悉心关注的重要问题。这是高校学生管理的出发点和落脚点。

高校的基本职能之一就是为社会培养人才，大学生已经具有了成为国家栋梁的基本潜质和条件，在教育和培养的过程中，要充分调动大学生的主动性、积极性和创造性，为他们提供能激发创造性和自主创新性的氛围。而要实现这一目标，高校学生管理就必须是人性化管理，实施"以人为本"的管理模式。首先要转变教育管理观念，树立科学的人才观。切不可用一种人才模式去苛求学生，限制学生个性的发展。学生管理工作者要有着眼于未来的战略眼光和不拘一格育人的胆略。其次是要着重提高教师的综合素质，强化管理者的人格魅力。

在新形势下，主观上学生群体已经逐渐不再接受传统的高校学生管理模式，客观上高校管理所面临的形势也不能使这样一种模式维持下去。招生规模的扩大，个性培养和创新教育日益被高校所重视等，这些因素都要求高校学生管理必须抓住"学生"这一根本，转变管理理念，提高教师的综合素质，强化管理者的人格魅力。进行人本化管理，其实是对教师尤其是学生管理者提出了更高的要求。以人为本，促进高校学生管理和谐发展是时代的发展适应大学生全面发展和个性发展的必然要求。构建和谐社会、和谐校园，新时期学生的思想特点等使得以人为本的管理模式成为必然的选择。

（二）树立为学生服务的管理理念

当今世界，教育已经成为一种服务。世界各国的教育业都努力提高教育服务的水平和质量。对我国高校而言，这种理念需要不断推广和完善。在以人为本的教育管理模式下，必须强化将教育作为一种服务的观念。学生是学校最主要的服务对象，是教育工作的主体。学校的各项工作目标就是要为学生提供优质的教育资源和教育服务，使得整个学校构成一个完整的服务机构，为学生创造有利于学生成长成才的良好环境。学生管理工作是这个服务机构中的重要环节。

随着高等教育自费的普及，教育已经作为一种消费形式呈现在国人眼前。大学教师的主要任务是帮助学生学习知识、管理知识。教师和学生之间的关系是平等、民主的关系，必须摒弃传统的师道尊严和严格管理的思维，树立为学生服务，关心爱护学生的理念。站在学生的角度看待学校的管理，使学校的管理模式更加适合学生的特点，让学生可以有更多的自由空间来发展个人才能。

如何提高教师服务学生的能力和水平呢？首先，高校的学生管理者应当树立服务意识，从思想上和作风上彻底改变高高在上的姿态，充分尊重学生的人格和尊严，对于学生提出的合理要求要想办法予以满足，为学生提供一个良好的学习环境，做到真正地热爱学生，发自内心地关心学生的个人成长与发展。其次，作为学生管理人员要有正确的教育思想和科学的管理理念；要有民主意识，要有兼容并包的思想，尊重学生的在学术上的不同见解和对人生的不同看法，使学生习惯学校的管理模式，乐于接受学校管理行为给他们带来的有益的熏陶，从而促进学生学识的提高和身心的健康发展。

当然我们目前的学生管理工作并不完善，无论在服务内容和服务水平上，距离这种"服务"的标准都还有不小的差距。这就给我国高校的学生管理工作提出了更高的要求。毋庸置疑，增强服务意识，提高学校各职能部门特别是学生管理工作人员的服务水平和基本素养，对于推动学校体制改革，建立有效的新型学生工作管理模式都是有百益而无一害的。

（三）树立全面的服务、教育、管理一体化理念

学生工作者应以服务者的姿态出现，树立服务意识，在情感上无疑会拉近与学生的距离，容易得到学生的信任和理解，并在实施服务过程中形成对等交流的气氛，由此产生双向互动的效果。把服务作为管理的先导表现为学生工作者树立"以学生为本"的意识，了解学生普遍关心的问题是什么，学生迫切需要解决的问题是什么，进而在管理过程中"对症下药"。

树立服务意识还体现为，为弱势群体学生服务，为他们提供奖、助学金和其他的经济援助，以帮助其解决后顾之忧。随着高校收费制度的实行，高校中有一部分学生的家庭条件比较艰苦，不能承担大学学费，作为学生管理者要树立服务意识，关心这些困难学生，帮助他们解决经济困难。通过设立奖学金、为贫困学生申请贷款、提供勤工助学岗位、实行缓期交费制度和给贫困生发放补贴等帮助贫困生渡过难关。

我们这里讲树立以人为本的理念不是把管理抛到一边，只讲服务，而是要以学生管理为依据，在管理的支持下实施服务。在学生工作中，涉及管理的地方还应发挥出管理的功能，将管理作为服务的支撑和保障。这样既能更好地为学生提供服务，又能更有效率地实施管理。

为学生的成长和成才创设良好的氛围，促进学生发展，从而服务高校培养人才的使命才是学生工作关注的重点。以学生为本，牢固树立为学生服务的理念，紧紧围绕着学生的需求，构建顺应学生发展的教育、管理和服务三位一体的学生工作体制，是学生工作可持续、协调发展的必然选择。学生规模的不断扩大，学生工作职能的不断丰富，学生事务的不断增多等导致了校级管理不顺畅，缺乏系统性与灵活性，不利于学生的全面发展。因此要树立学生工作的教育、管理、服务一体化的理念，树立以学生为本的理念。学生管理工作者被赋予了多重角色，他们既是管理者、教育者，更是学生的服务者，这就要求把教育过程、管理过程和服务过程相结合，使三者相互渗透，互相促进。

(四) 树立"全过程"的管理理念

高校为强化学生的技能训练，按照教学计划，每个专业基本上均建立了校外实训基地，而目前实训基地的学生管理工作基本上属于空白。因此为填补实训基地学生管理工作的空白，高校的学生管理模式必须树立"全过程"的管理理念，即在实训基地继续对学生实行相应的管理，可从两个方面进行尝试：一是要求在实训基地的学生成立临时管理机构，如组建学生临时党支部，由党支部在教师的指导下，带领学生在实训期间组织开展学生的自我管理；二是实行实训基地的"导师负责制"，即由实训基地的技师或工程师按照一定比例对实训的学生进行技术及实践操作上的管理。高校贯彻"全过程"的管理理念具有重要的意义：一是体现了学校对学生"扶上马送一程"的殷切期望，使学生尽快适应社会；二是在延伸"服务学生"的管理理念的基础上，达到了"学生发展"的管理目的。

(五) 树立民主化学生管理理念

现代高校学生是一个具有较高素养的特殊社会群体，他们对事物的认知有着别具一格的见解，反感管理者的命令式的管理。因此当前在学生管理中我们必须强化民主观念，彰显人文管理精神。学生管理中学生的主体地位不可动摇，要做到一切为了学生，爱护学生、理解学生、尊重学生，努力营造平等、民主的育人氛围。而且要让学生在管理活动中参与管理，参与决策，从而使管理者和被管理者为实现共同的目标而奋斗。

当今社会在不断地发展和进步，大学生的思想观念、道德行为、价值取向等发生了深刻的变化，要引导学生加强自我管理，提高他们未来的生存能力和发展能力。在当今社会，高校教师既要教书育人，还要管理、指导学生，使学生养成正确的学习生活习惯，树立正确的世界观、人生观、价值观。

二、构建多元化协同管理的学生管理体系

在正确的管理理念指引下，高校的学生服务体系结构是否合理、运转是否顺畅有效，直接关系到高校学生管理模式的实际执行效果。

（一）完善学生管理体系

高校应充分发挥学生会、社团联合会和各书院的作用。这些组织可以与学生进行直接接触，他们的一些活动都可能直接影响大学生的心理。因此，高校要想完善和创新学生管理模式，就应该从学校的各个组织入手，努力创建更高质量的学生群体，让他们带领其他大学生不断完善思想教育工作。要充分发挥学生会和社团联合会的主观能动性，使他们对学生产生影响。另外，在丰富校园文化的同时，要加强思想教育培训，从而帮助学校更好地完善新时代的学生管理体系。

（二）完善学生管理体制

基层院系学生工作管理的有效开展离不开院系领导班子的大力支

持。院系学生工作管理体系建设要安排院系班子即专门领导全面负责学生工作管理，同时院系党政领导也要亲自抓。建立党政领导共同负责学生工作管理的领导机制，可以全面整合院系各部门的力量，使得院系教务、行政等各部门分工协调，促进基层院系学生工作管理有序开展。在院系党政领导的共同负责下，学生工作管理既不是单纯的思想教育工作，也不是单纯的行政管理工作，而应该既是思想教育工作，又是行政管理工作。为了确保党政共同负责落到实处，可以在院系党政联席会议上单列一项学生工作管理，用以保障学生工作管理顺利、高效开展。

各项工作的开展需要学校学工处发挥指导功能。同时，学校有必要赋予院系学生工作管理部门一定的行政权力和主动权，否则，仅作为与院系同级别的职能部门，其各项工作有可能得不到有效开展，从而导致院系学生工作管理部门的职能与目标存在距离，最终达不到预期的管理目标。

院系基层学生工作管理必须建立在配备完善、工作得力的学生工作管理机构的基础上。长期以来，院系的学生工作管理机构虽然采取了不同的设置形式，但是无论采取哪种设置形式都必须满足学生受教育的需要，满足一定的设立条件。比如，是否适合学生全面发展，是否能使学生工作管理人员顺利开展工作，是否能够使得院系学生工作管理部门达到预期的目的。

要加强院系一级的领导和管理。在机构上，成立院系学生工作管理办公室，与学校学生工作管理处相对应，院系党政负责人共同对本院系的学生工作管理负责，院系学生工作管理办公室的常务负责人是院系党委（党总支）副书记。成员包括院系学生工作管理办公室主任、团委书记、年级辅导员等，院系一级的本科生学生工作管理由党委（党总支）

副书记负责，而一些高校的研究生学生工作管理由党委（党总支）书记负责，那么在管理中应当由院党委（党总支）书记对全院研究生、本科生的学生工作管理负责，在具体工作中一定要统筹兼顾、理顺研究生和本科生的管理机制。

目前，由于大学生数量不断增多，事务量也在增大。虽然近年来学生工作管理组织进一步扩大，学生工作管理人员数量进一步增多，但是院系学生工作管理人员既要应对日常的学生工作管理，也要随时处理突发事件，往往有些力不从心。为此，院系学生工作管理部门应当以管理职能化、规范化为目标进行部门设置，细化管理职能，以更好地满足学生的需要。院系层面要成立或者设立三个与学生利益相关的办公机构，具体如下：

①成立院系资助工作办公室。在院系层面上成立院系资助工作办公室，专门负责管理院系学生的各种经济资助事务。具体职能：做好与学校的资助管理办公室的任务衔接，同时，根据本学院的专业特点与有意向资助的单位进行联络，负责资助信息的收集和发布。同时，要做好学校奖学金、助学金的发放工作，适时提供一些勤工助学岗位信息等。

②建立院系心理健康辅导室。当前由于经济社会快速发展，学生的心理健康问题越来越具有独特性和复杂性，当代大学生需要专门化的心理辅导。院系直接接触学生，需要成立针对各院系特点的专门的健康和发展咨询部门，配备既了解心理辅导知识也了解本院系特点的专门人员。院系层面上的心理辅导室，可以借助学校心理辅导中心的力量，为本院系的每个学生建立心理健康档案，使院系心理辅导工作成为学校心理辅导的有效补充，同时，也能在第一时间为院系学生提供心理帮助。

③成立院系就业创业指导中心。在院系层面设立就业创业指导中

心，其职责是利用相关学生工作管理人员的专业优势，指导院系学生制订职业生涯发展规划，为毕业生提供与专业相关的求职技能和就业信息，指导学生从事创业活动等事务。院系就业创业指导中心应加强与学校就业创业指导中心的合作，利用院系的专业优势，加强与相关企业的联系，为学生提供高质量的就业创业服务。院系就业创业指导中心要牢牢抓住就业创业服务和就业创业指导这两条主线开展工作，做到重点关注、重点服务、重点推荐，谋求整体突破，提高毕业生就业率。

（三）实现管理模式的法治化

1. 加快高校学生管理法治化进程

高校学生管理法治化是实现学生管理模式法治化的前提和基础。推进管理法治化是纠正高校学生管理制度建设弊端、堵塞制度漏洞的有效手段。学校教育是对"人"的教育，对人的教育必须建立在尊重人的基础之上，而对人的尊重首先是对人的权利的尊重。长期以来，教育道德化是我们一贯坚持的教育理念。在教育过程中，权利的设置和运用常常只受道德标准的衡量与限制，而缺乏法律的规范。但在依法治国的环境下，学校与学生之间的关系已经不再是一种简单的管理者与被管理者之间的关系，而是一种对应的权利义务关系。因此，我们应当将教育关系作为一种法律关系来看待，应当将尊重受教育者的合法权益作为教育者的首要义务，在行使教育管理权时，首先考虑的不应当是如何"处置"受教育者，而应当是这样处置是否合法、是否会侵犯教育者的权利，真正将受教育者作为一个平等的法律主体来对待。这才是我们需要的符合时代发展要求、体现现代法治意识的教育理念。高校学生管理的法治化需要管理者提高法治意识。高校管理者具有良好的法律意识是严格依法办事的重要前提，它可以促使管理者在依法行使自己管理职权的过程中，尊重和保护学生的法定权利。高校应该通过进行法学理论方面的专门化培训，敦促管理者自学等方式，培养管理者的法律意识，尤其是民主思想、平等观念、公正精神、法制理念等，从而自觉用法律法规来规范自己的言行，在管理工作中公正对待学生，尊重学生权利。同时，外聘一些司法工作者组成学生法律援助组织和仲裁机构，并与司法部门建立联系，协同接受各类申诉，立案处理一些案件，形成法治化的育人环境。

2. 建立正当的管理程序

这是实现高校学生管理模式法治化的关键所在。在具体的管理行为中，实现法治化的重中之重在于程序。这就要求，在处分学生时要及时将处分意见送达本人，确保学生的知情权不受侵犯；建立听证制度，充分保证学生的知情权；建立申诉机制，使学生有一个为自己辩护的机会；建立司法救济机制，保障学生的合法权益。正当程序原则可以追溯到英国普通法传统中的"自然正义"原则。从保障学生权利和维护学生尊严的角度来看，正当程序有利于保障学生的权利，特别是涉及学生的基本权利时更是如此。没有正当程序，学生在学校中的"机会均等"就难以实现，其"请求权""选择权""知情权"就难以得到保障和维护。另外，如果仅仅从工具性价值来理解正当程序的话，那就贬低了正当程序的价值。程序不能只是达成实体正义的手段，程序具有自身独立的价值。

3. 建立科学的学生管理评价体系

这是实现高校学生管理法治化的重要保障。高校对学生的约束，主要依据是法律标准。特别是在学生处分问题上，道德品质评价不能作为处分学生的依据。在对学生进行处分时，要就事论事、事实清楚、程序正当、依据明确、定性准确。在此问题上，我们要改变既往惯常对问题学生进行处分的教育管理模式，发挥思想政治工作的优势，在处分前要注重对学生的不良思想倾向进行引导，在处分中要加强对学生的思想教育，调动学生主体的自我教育功能，引导学生强化社会责任感，处分后要做好后续的管理和服务，给予学生更多的人性化关怀。通过把思想教育"软件"与刚性管理"硬件"密切结合，营造良好的育人环境。另外，一直以来衡量高校学生管理好坏的重要标准是管理效率的高低，对公平、正义的维护则显得不够。确立科学的学生管理评价体系就是不仅要实现"管住人"，还要"管好人"，以德服人，以理服人，维护学生的正当合法权益。

4. 构建多元化的学生权益救济机制

学校对学生的严重处分，不是对学生宪法上受教育权的剥夺，而仅仅是对该学生在一个特定教育机构接受教育过程的终止，不涉及学生宪法权利的保障。因此，在构建不服处分的救济制度上，不需要考虑宪法上的救济即宪法诉讼或其他违宪审查方式的问题，但是要考虑高校对学生的管理，在很大程度上具有行政管理的意味，法律法规、规章对高校行政处分权的行使规定了严格的条件。行政处分的法定性特征具有对行政处分实施普通法律上救济的条件。就高等学校行政处分纠纷案件而言，行政诉讼和包括教育行政复议、学生申诉制度、教育仲裁制度、调解制度等在内的非诉讼机制都是学生可以利用的权益救济方式。建立多元化的学生权益救济机制，既是依法治校的重要体现，又是避免学校陷入司法审查陷阱的必要手段。

三、拓展多样化的学生管理渠道

高校的在校学生能够快速接受新事物，为此，作为高校的学生管理工作者也必须适应管理客体的变化，在实际工作中创新使用多元化的学生管理工作方式方法。

（一）实施"多渠道"学生管理沟通方式

高校要在学生参与学校学生管理的方式方法上进行大胆尝试。根据目前的实际情况，高校可通过以下方式实现学生参与学校学生管理。

（1）建立学生代表列席学生管理工作月例会的制度。高校分管学生工作的副书记或学生管理部门组织召开学生管理月度例会时，可安排有关学生代表参加会议。在参会时，学生代表可以参与有关事项的讨论，提出自己的意见或建议；对于学生代表持有不同意见的会议议题，会议不可作出决定，可由学生代表会后征求学生意见后反馈给有关部门再议。

（2）每学期不定期召开学生管理工作沟通会。以座谈会的形式进行，参与会议的人员为学校管理部门的工作人员及学生代表；会议的主要内容为听取学生代表对学校学生管理工作的意见或建议，会议对意见或建议能当场解决或答复的，要当场处理，不能及时解决的要在限定期限内答复学生。

（3）在其余时间段内，高校可通过设置学生意见收集箱、在校园网上开辟专区等方式，随时收集学生对学生管理工作的意见或建议，并答复学生。上述会议的参会学生代表可从如下方法中选其一进行确定。

一是校方发布通知，明确学生代表的参会条件及参会名额，鼓励学生公开报名，依照报名顺序确定后邀请其参加会议。

二是通过定向方式，指定学生参加会议。

三是邀请经各系学生选举出来的学生代表参加会议。

四是按照一定规则随机抽选，邀请被选中的学生参加会议。无论是哪种方式，都要保证确定参会学生代表的过程公开透明。

通过以上方式，一方面可以拓宽学生参与学校学生管理工作的通道，另一方面，经会议通过并确定实施的议题，由于其内容经过了学生代表广泛的民主讨论，在执行过程中，参会学生代表自然成为该决议的推动者、宣传者，从而使决议执行得更加顺利。

（二）以高尚的校园文化引领学生

环境是人们赖以生存和发展的自然条件和社会条件的总和。校园文化环境是指与校园文化的形成与发展密切相关的外部条件。校园文化环境包括校园的物质环境和校园的精神环境两部分。校园的物质环境是以布局成型的姿态出现的物质环境，主要是指校容，如建筑物的布局，室外的绿化等。校园的精神环境主要是学校的传统习俗、校风、人际关系、心理氛围、文化品位及活动构成的气氛等。人的发展及才能的养成是遗传、教育、环境共同作用的结果。人不仅受他们所处的环境的影响，也在不断地改变环境。这个环境又进一步地影响他人和自己。就学校而言，这种对人的发展以及才能的养成产生影响的环境，就是校园文化环境。校园文化环境对学校的教育工作及师生员工的生活有着不可低估的作用。开展多元化的学生集体活动能够培养学生崇高的理想和高尚的道德情操，能够使学生的兴趣爱好和特长得到良好地培养和充分地发挥。在一个健全的集体中，学生的不良习惯及意识比较容易克服，因为集体的优良作风对学生思想品德的形成和发展能起到巨大的促进作用。要充分调动学生的积极性、创造性，设法激发学生的思维兴奋点，组织开展丰富多彩的集体活动，在集体活动中教育、培养每个成员的集体主义精神，通过各项活动，积极发挥和发展学生的才干及特长，使活动和教育融为一体。

四、建设科学的学生管理评价体系

为衡量高校学生管理的实际效果，需要建立一个科学合理的多元化管理评价体系，以便对高校学生管理情况进行客观公正地评价。

（一）构建多元化的学生管理评价主体

从学校外部来看，高校学生管理评价的主体主要包含政府即高等教育主管部门、用人单位两个评估主体，被评估的对象均为高校。从学校内部来看，高校学生管理评价的主体则包括校领导、职能部门、系或学院等二级单位、辅导员、学生和实训基地六个评价主体。

1. 外部评价主体

教育主管部门主要关注高校的综合实力并通过高校的评估工作对学校进行全面的评估、评价，重点对学生管理模式中的素质教育、学生管理的基本情况、就业率及社会声誉等四个指标进行评价。用人单位则主要关注高校毕业生的整体能力和职业素质或职业操守，重点关注学生的综合素质指标，并可对毕业生质量和学校的社会声誉进行评价。

2. 内部评价主体

高校的校领导，既可对所有的学生管理评价指标进行评价，又可对负责学生管理工作的中层干部及其工作业绩进行评价；实训基地应对学生在实训基地的表现情况进行评价，作为学生综合素质指标中的重要组成部分；职能部门及二级单位则可对学生的综合素质情况进行评价；二级单位与学校职能部门可以相互评价；学生可对二级单位及学校职能部门的工作情况进行评价。

（二）设置多元化的学生管理评价指标

鉴于高等教育部门对各高校的评估工作已经有了完善的流程、成熟的方法和健全的指标，因此在这里暂不对主管部门的评价指标进行探讨。而高校学生综合素质的评价指标可以满足用人单位的关注需要，因此下面仅对内部评价主体的评价指标设置进行探讨。

高校在设置评价指标时，要按照分层设置、全面公平的原则来确定指标设置的总体架构，同时又要兼顾阶段性操作原则，如学期考核和学年考核相结合，考核指标可以实现量化考核与定性考核相结合的原则，同时兼顾各评价主体均可参与考核的原则。

五、推行精致化管理新模式

精致化管理是当前管理科学领域的一个重要思想，针对学生管理的复杂性，提出精致化管理有助于提高学生管理的整体质量，同时也是改善和提升学生管理工作效果的一项重要手段，为创新学生管理工作提供了重要思路。①

精致化管理是一种理念、一种文化，也是企业管理中的重要一环。它主张最大限度地减少管理所占用的资源和降低管理成本。目前，这一思想已经广泛应用于很多管理学的领域。它在常规管理的基础上，更加强调管理内容的细节化和精细化。在提升组织整体执行能力的过程中，精致化管理是一项十分重要的手段，其实质就是将任务具体化和精细化，它是一种对战略和目标分解细化和落实的过程。在精致化管理中，组织的战略规划被贯彻落实到管理过程中的每一个细微的环节，并且让每个环节都发挥作用。

精致化意味着精益求精。高校学生工作精致化管理就是要运用精致

---

①叶新辉. 将学校精致化管理落到实处［J］. 教学管理与教育研究，2021（19）：104－105.

化理论，将高校学生管理做细。具体来说，就是能够了解每一名学生的状态，激发每位学生的潜能，使每位学生都能够找到适合自己发展的道路。要做到这一点非常不容易，因为高校学生的特点之一就是具有多样性。要做到精致化管理，需要在培养大学生的所有环节中都做到细致入微，这需要全员的参与，包括学生管理工作人员和任课教师。精致化管理是一种高度，体现在大学生培养教育的每个细节当中。

精致化管理是学生管理模式的创新。它强调学生管理工作的可持续发展，对学生和教师都提出了更高的要求，需要师生的密切配合和共同努力，从细节入手，最终实现整体的共赢，是适应新时代要求的管理模式。高校学生精致化管理充分体现了当代高等教育改革的重要发展趋势。与以往的管理模式不同，精致化管理强调学生个性的发展，承认学生的差异性并致力于满足每一位学生的要求。

相比传统的管理方式，精致化管理能够极大地调动学生的积极性和内驱力，使学生具备较强的创新能力和社会适应能力。高校学生精致化管理的最大特点在于它充分借鉴了科学管理模式，不是单方面地趋向某一种管理方式，是注重个体差异的，强调以人为本。运用精致化管理的理念，可以引导大学生追求正确的价值观，促进学生自我发展、自我服务和自我完善。

精致化学生工作管理模式需要着力坚持"以人为本"的学生管理理念，是"以人为本"理念在高校学生管理中的生动体现，它要求做到"一切为了学生、为了一切学生、为了学生的一切"，把学生放在最重要的位置上。学校的根本任务是培养对祖国、对社会有用的人才，就是培养综合素质过硬的学生，因此不管是学校的什么工作，都要以学生的培养工作为中心。要贯彻落实精致化管理，需要科学制定精致化学生管理制度，保证在整个执行的过程中做到有章可循，有章可依。要做到制度精致、准确，针对学生管理工作中可能出现的情况做好预判，力求保证管理过程井然有序，依靠制度来管理和约束学生。

精致化管理具有特殊性，在落实精致化管理时，要加强人员队伍建设，这包括学生管理人员队伍建设和学生干部队伍建设。要充分发挥辅导员和学生干部的作用，切实了解每一位学生的情况，包括其家庭条件、行为习惯、学习能力、经济状况、个人素质、个人特长、情感状况、心理状态等，并且针对学生的具体情况进行分析，找出适合学生个体发展的合理途径，并且对他们今后的发展开展必要的跟踪调查。这个工作量非常大，因此需要培养有力的学生干部队伍来辅助辅导员和学生管理工作人员进行工作。

第三节　高校教师管理改革的发展趋势

根据高校人事管理制度的发展需要以及国家下发的一系列文件要求，高校人事制度改革呈现出以下四种趋势：

（一）在管理理念上由人事管理向人力资源管理发展

传统的人事管理重在对人的管理和事的管理，重在对人的人事档案和业务档案的管理，实质上是对教师进行身份管理。这种管理在效果上缺乏激励和引导，是一种静态的管理，视教师为成本。而人力资源管理重在对现有人员的开发和利用，同时注重队伍的重组和提升，视教师为资源。

（二）在管理方式上由静态管理向动态管理发展

现有的管理方式下，教师在达到一定的阶段后就没有了继续努力的动力，比如评定终身的职称制度以及工资制度等。在管理者身上同样存在这种问题，能上不能下的行政管理制度使得管理者在管理过程中不思进取，人浮于事。高校教师管理改革要求打破教授终身制，打破管理者手中的铁饭碗，从而提高工作的积极性。

（三）在分配上由平均主义向差异分配发展

拉大差异，注重激励，有助于调动教师的积极性，符合教师间能力存在差异以及工作投入程度不同的情况。

（四）在制度上由身份制向契约制发展

在人员聘任上，打破原有的重身份、重资历、重级别的人事管理方式，科学设定编制和岗位，竞争上岗、择优聘用、合同管理可以强化竞争机制，使人力资源配置更符合事业发展的需要。

第四节　高校教师管理模式的改进

教师管理制度改革事关高等教育的全局，涉及教育行政部门与政府间的关系，涉及社会保障体系的完善，更涉及学校的发展和教师本人的切身利益，同时，高校教师群体又具有明显区别于一般人力资源群体的特殊性，这要求我们在制度设计方面不能将企业的管理模式简单套用，而要根据教师群体的特点有针对性地进行设计。在改革中，我们应该以治理为模式，形成视教师为资源的人力资源管理理念，从政校关系、决策制度、聘任制度、考核制度和分配制度等方面重新设计教师资源管理体系，加强对教师队伍的培养和激励，促进对教师资源的有效利用，同时还要充分认识到校园文化在教师管理中的积极作用，建设具有独特风格的、和谐的校园文化。

一、重建政府与高校的关系

政校分离并不是说教育行政部门对高校的发展不管不问，而是要明确行政部门的权力和职责。政府应从举办者、办学者、管理者三位一体的全能型身份中走出来，重点行使其督导职能和保障职能。政校分离，首要的一点是要将高校与行政级别相脱离，校领导的任命应给予高校更大的自主权，由学校学术委员会选举产生，真正做到学术治校、学者治校。淡化学校的行政色彩，营造高校浓郁的学术氛围而非政治氛围。政校分离后，政府以及教育行政部门应重点做好高校的财政保障工作，应建立和完善财政制度，改革教育财政管理手段，从制度上保证高等教育发展所需要的稳定的资金支持，注重对资金分配和运用的科学管理，提高资金使用效率，同时，政府要充当中介和桥梁，扶持教育中介组织的建立和发展，推进各种捐款和捐赠制度的建立，加强企业和高校间的联系，广泛吸纳社会各界对高等教育的资金支持。

要继续大力推进事业单位人事制度改革，必须建立有效的社会保障制度。只有建立有效的社会保障制度，才能彻底解决高校人事制度改革中遇到的人事关系问题，才能使教师从"学校人"真正变为"社会人"。

二、高校管理者要树立"以人为本"的管理理念

"以人为本"不是一句口号，要真正落到实处。高等教育教学是根本，教学中教师是核心。在高校的教师管理中，要牢固树立以人为中心的现代管理新理念，追求教师资源管理的人本性，提升教师的归属感，同时将教师资源开发提升到第一的位置，使高校的人事工作能着眼人力资源的开发，致力人才的合理、充分利用；加强管理者现代管理理论的

培训和提高，积极吸收管理学领域最新的科学研究成果，并将其运用到高校师资资源管理的实际中来，做到人力资源管理方法的科学化、规范化、民主化以及管理体制的合法化和规范化，营造尊师重教的良好氛围，始终坚持尊重教师的意愿，了解教师的需求，最大限度地激发教师的积极性和创造性，使教师的潜能得到最大程度地发挥，实现高校教师管理过程中理性管理和人性化管理的有机结合。要将管理职能转化为服务职能，为教师提供良好的发展空间，为教师消除后顾之忧，营造科学的发展平台，提升教师对学校的满意度，实现教师的满意与学校的可持续健康发展的最佳结合。

人本管理最重要的一点就是要宽容，有两方面的含义：一是对待教师要宽容，要细心发掘教师的优点，同时还要尊重教师个人的尊严、自我价值和个人的需要，要宽容对待教师在性格方面的特性，要经常了解教师对学校工作的意见，让教师参与学校重大制度与改革措施的制定；二是对待教师的学术观点要宽容，学校特别是各学科的学术带头人要能够容忍甚至是提倡多种学术观点的并存，对个别教师提出的特异性观点不能直接予以否认，要营造高校"百花齐放、百家争鸣"的宽松的学术氛围。当然，宽容不是放纵，高校教师资源管理需要有效的规章制度来规范教师行为。在负强化的基础上，更应该利用正强化效应，帮助教师尤其是青年教师制定自身的发展目标，并在教师目标的实现过程中实施有效的激励，使教师实现自我再造，充分发掘自身潜能，为教师向更高层次发展和更高价值的自我实现提供可能。

教师资源的管理应尽可能地由学院来进行，学校层面应主要负责宏观的督导与引导，其原因主要有以下三个方面。

（1）教师的管理权过分集中到学校手中，在很大程度上造成了教师和学校的对立，教师对学校的管理措施产生抵触思想，学校科层制的组织结构使学校的管理措施在实施过程中效率较低，是造成学校行政失灵的主要因素。按照治理理论的观点，对人力资源的管理应调动全方位的力量，特别要发挥学院在教师资源管理中的作用。

（2）学院是学校学科建设和发展的主要承担者，更了解学科建设中对教师资源的需求，而根据发展目标进行有针对性地管理是现代人力资源管理理论的应有之义。

（3）学院更了解教师在个人发展中的需求，在管理中更能体现对教师的人文关怀。

三、高校要实行真正的教师聘用制

对高校来说，推行聘用制的主要目的是打破教师职务终身制，改变教师对学校的人身依附，克服教师在职称评聘过程中的论资排辈现象。在高校聘用制的推行过程中，难点是岗位怎么设，报酬怎么定，身份怎么转，合同怎么签，上岗怎么竞，下岗怎么办，程序怎么走，社保怎么办，在这方面，我们应该在弄清自身情况的前提下，借鉴国外发达国家的成功经验。

国外大学教授普遍实行"终身教职制度"，而对低职称者普遍设置任期。美国大学实行的是教授终身制，但与之相对应的是在教师未获得终身教职前的"非升即走"制度，它规定：如果在学校工作的六年之内得不到终身制，那么他在一年内必须离开学校，另谋出路。英国原本实行的是教授、副教授、高级讲师没有任期，讲师有任期，但现在的情况也发生了变化，英国在 1988 年颁布了教育改革法，从法律上停止了大学教师乃至退休教师的终身在职权，学校可以适当地解雇教师。德国虽然实行的是教授无任期制，但德国对教授的聘任有着严格的规定：德国任用教授的必要条件既要具有学术性业绩或艺术性业绩，又要在从事职业最少五年内能使学术观点和方法得到应用和发展，并取得特殊业绩；同时，他们还要参加教授资格考试，必须以优秀成绩通过博士考试的合格标准，这样也只是具备了教授资格，拥有讲师称号。教授的聘任必须从校外公开招聘，不允许聘任本校任命的讲师。美国大学的教授终身制现如今遭到了政界、财经界以及新闻界的强烈批判，认为教授终身制保障没有能力的教授，起着保障无能者安逸生活的作用。

在大学教师聘任过程中，有四点需要注意：一是发挥审议机构的中介作用；二是制定出完善的法律以及学校的规章；三是完善公开招聘制度；四是重视教师的校外经历。

鉴于此，我国高校的聘任制应做好以下四个方面的工作：

（一）科学设置岗位，下放岗位聘任权限

科学设置岗位，下放岗位聘任权限包括两层含义：一是要根据学校的岗位总数以及各教学单位承担的教学任务情况，科学测定各单位编制；二是将岗位分成关键岗位和一般岗位，关键岗位由学校聘任，一般岗位则根据各单位编制情况，综合考虑学科发展等因素，合理地分配到各个单位，由各单位自行聘任。

（二）合理设置任期

任期设置的合理与否，将直接决定聘任制推行的成败，任期过长，则起不到聘任制应有的激励作用，使低职称者努力的动力减退，而对高职称者又起不到刺激作用；任期过短，一方面增加教师担心失业的心理负担；另一方面使功利性的研究活动增加，违背了科学发展规律，不利于教师从事科研活动的独立性和从事长期的基础性研究。同时，具备条件的学校应实行低职称教师在一定年度内的非升即走制度，在聘任到期

后，如果通不过专门委员会对其进行的教学效果、科研能力以及学术水平的考核，就必须离开学校，这将极大地促进年轻教师勤奋上进，不断提高专业水平和敬业精神，还将对人才的流动和学术的交流起到积极的促进作用。与此同时，我们不妨在特定的群体内尝试终身教授制，对那些对学校发展做出突出贡献，在学校的学科建设和教师梯队建设中举足轻重的、在国内外有着极高影响力的大师级学者授予教授终身制，使他们能够安心从事研究工作，特别是一些科研周期长、工作量大的基础性研究，这将有利于对学科内的教师梯队建设起到传、帮、带的作用。需要指出的是，教授终身制在实行过程中人数不能过多，必须坚持宁缺毋滥的原则，其最终授予权应掌握在代表学校最高学术水平的校学术委员会手中，以防止权力被滥用。

（三）完善聘任程序

要制定规范的聘任办法，并且在办法的制定中广泛征求教师意见，让教师积极参与聘任制度的制定。在聘任程序上应公开、公正、公平，坚决杜绝人为操作。对于学校关键岗位的聘任，在我国无中介审议机构或机构职能不健全的情况下，必要时要聘请国内其他高校的同行专家对申请人进行鉴定；聘任工作应面向全社会公开，考核过程和结果也都要进行公示；建立教师申诉制度，如教师对聘任结果有异议，可以到指定的申诉部门申诉，申诉部门必须受理教师的异议投诉，并在规定的时间内予以答复。

（四）要与政府职能部门一起做好未聘教师的生活保障工作

特别是在推行聘用制改革的初期，除了政府职能部门要做好未聘教师的社会保障外，学校也应在能力范围内，为教师再就业创造条件，保证教师队伍的稳定。在聘任制的推行过程中，教师身份的转变是重点也是难点，只有在改变教师对学校的人身依附，完成从"学校人"到"社会人"的转变，建立学校与教师间真正的契约关系，聘任制才有可能真正实行。

四、完善教师绩效考核评价体系，建立科学的教师工作量核算模型

（一）完善教师绩效考核评价体系

（1）对教师绩效考核要均衡。要从教学和科研两方面综合平衡考核，不能厚此薄彼。在高校的日常管理中，很容易出现重科研轻教学的现象，这一现象又容易导致一线教师教学兴趣的丧失，把主要精力放到科研上，无心进行教学以及教学法的研究，从而导致教学质量下降。由于对科研考核的重视，反而使科研成果日益大众化，学术价值大打折扣，同时由于教师争相进行科学研究，导致科研经费的收益下降，出现高校教师管理模式研究学研究的规模较小。

（2）考核过程要公开、公正、公平。公开原则是指对教师的考核过程、考核标准以及考核结果要公开，不能搞暗箱操作，不能人为干预；公正原则是要求考核者在考核过程中要实事求是，不能人云亦云，更不能打击报复，考核者应在教师中有威信，有较高的学术地位，教学效果的公认程度高；公平原则是指应综合考核教师，不能因某一点原因就全盘否定教师的所有努力，还要给教师申诉的权利和机会。

（3）要做好考核结果的反馈和利用。考核结果要及时反馈给教师，没有反馈的考核是没有任何意义的，同时，对考核结果应有所说明，否则考核就只是一句空话，没有任何实际意义。

（4）考核应采用量化指标，但又不能绝对量化。量化的指标可以更明确地评价教师的教学和科研工作，它不像描述性评价容易掺杂个人主观因素，量化的考核也可以通过调整权重等方法使评价更科学。但在设计量化指标的时候，要充分考虑到质的方面的因素，不能单单考虑授课

学时、发表论文数量等，否则容易产生教师对量的追求而忽视对质的追求的导向作用。

（二）工作量核算

在工作量的核算上，大体可以分为两种方法：一是教学与科研单独核算；二是将教学工作量和科研工作量分别量化，赋予一定分值后加总，然后根据总分对教师的工作总量进行排序。这两种统计方法都有各自的缺点：第一种不易于管理者掌握教师的工作总量，而第二种方法中，教学与科研是两个不同性质的量，直接相加不能准确反映教师的实际贡献，与实际也有较大误差，而且适用范围十分有限，只能在同一类课程或专业内进行比较排序。因此，大多数高校倾向教学工作量与科研工作量分别核算。

（1）教学工作量的核算。教学工作量不应仅仅是教学授课工作量与班级系数简单的加乘计算，还应考虑到质的因素。同样讲授一门课程，有的教师讲课认真、备课充分，教学方法深受学生们欢迎，教学效果好，而有的教师则可能差许多，如果按同样系数计算工作量，则教学好的教师就会心理失衡，应该将教师的教学效果计算到教师的工作量中。

（2）科研工作量的核算。科研对于教师来说，能够使自己与自己学科领域的新进展保持一致，从而进行高质量的教学，学术研究的过程和结果往往能改变教学的内容和方法，因此，大学教师必须从事一定的科学研究。但就工作量的核算来说，由于科研成果的学术性价值难以评估，从而给核算工作带来了很大的困难。很多高等院校，为了发表而进行的科研，也被博耶称为"发现的学术"，它成了大学使命的主要部分，"发表或者出局"已成为教师职业生涯的基本模式。因此，我们在核算科研工作量时，只能根据教师科研成果的类型以及级别进行核算。科研工作量主要包括发表论文、承担课题、出版学术专著。很多学校将教材视为科研成果的一部分，而在实际工作中我们发现，绝大部分的教材都是东抄西凑，反映不出作者的学术思想和学术水平，它更侧重衡量教师对专业知识的掌握程度，缺乏对专业领域新探索和新问题的探究，其学术价值不大，更应成为教师教学活动的一部分，建议应在教学工作量中予以核算。在科研工作量的核算上，我们要给予那些从事周期长的基础性研究的教师一些特殊政策，比如，如果经学术委员会认定，该教师的科研活动有较高的学术价值，可以在成果出来之前，按阶段认定该教师的科研工作量，并在研究成果出来后，根据实际情况核算其科研工作量。

（三）加强师资队伍建设，实施有效的激励机制

根据学校以及学科的发展需要，有针对性地对教师进行培养，同时建立有效的激励机制，调动教师在工作中的主动性与创造性，是对高校教师按照现代人力资源管理模式进行管理的重要特征。

（1）师资队伍建设的基本措施。在师资队伍建设中，应在建设规划、人才引进和教师培养等方面制定行之有效的措施，特别要注意以下两点。

第一，教师队伍建设要着眼全局，要有前瞻性。教师队伍的培养首先应有全校性的指导性培养方案。全校的培养方案应是学校管理者根据学校师资队伍的现状，包括教师队伍的年龄结构、学历结构、学员结构以及学科间的数量结构，制定出本校的教师队伍建设规划。各学院应根据本部门的师资队伍状况、教师个人的发展潜力和发展需求情况以及学科的发展需求制定详细的师资队伍培养规划。学院的培养规划要从学科建设的需要出发，要有前瞻性，同时还要充分考虑到教师的个人发展的需要。对教师的培养既要加强对精英人才的培养，培养出学科的学术带头人；也要加强对中坚力量的培养，这是学校教学的主干力量；更要加

强对青年教师的培养，建立起一支老中青结合、结构合理的教师梯队。

第二，要做好人才引进工作。在高校的师资队伍建设中，人才引进对充实教师队伍，完善知识结构，活跃科研氛围起着重要作用，而且，人才引进政策起效快，对学科建设的作用明显，往往成为管理者首选的建设措施。但我们应注意到，人才引进政策虽然容易出成绩，但副作用同样明显。由于给予引进的人才极高的待遇，使本校的优秀人才产生心理落差，挫伤了他们的工作积极性，最终造成人才流失；各高校纷纷用高薪吸引人才，虽然在客观上促进了人员流动，但增加了高校的办学成本；容易引进的人才稳定性差，特别是频繁在高校间流动的人才，往往不能对学校的学科建设起到应有作用。鉴于此，我们在制定引进人才政策的时候，要根据公平理论，对给予引进人才的待遇进行恰当的设计。引进的人才必须对学科建设起到积极而有效的推动作用，要人有所值，而且同时还要给予本校内同等层次人才相同的待遇，以免打击其积极性，造成优秀人才外流。

（2）建立科学的激励机制。根据斯金纳的强化理论，人的行为是否重复发生，与该行为发生后给予的强化有关。如果行为发生后产生了令人满意的效果，则这一行为最有可能重复发生；反之行为发生后产生了令人不满的结果，那么这一行为将不太可能重复发生。同时，他不赞成使用负强化，认为会产生不愉快的影响，而且当行为不被强化时，便倾向逐渐消失。根据赫茨伯格的"双因素"理论，保健因素不加以改善，员工一定会产生不满，但改善后也仅仅是消除了不满，无法使员工产生满意感；而激励因素不加以改善不会使员工产生不满，但改善后一定会使员工产生满意感。人力资源管理学提出，从"以物为本"向"以人为本"的价值观转向，使有效激励成为管理工作的核心。高校教师作为一个特殊群体是高校办学的主体，是实现办学目标的主导力量，这就向高校管理者提出了更高的要求。如何充分调动高校现有教师的内在动力，把教师作为实现目标的主导力量落实在工作的各个环节上，提高教师的教学水平、科研水平、创新能力以及为人师表的自觉性，是高校教师管理中的主要内容。科学的激励机制应根据受众的不同特点采取不同的措施。根据大学教师群体的特征，高校教师的激励措施应遵循以下原则。

原则一：激励措施应将物质鼓励和精神鼓励结合起来。高校教师群体在个人的需求上对高层次的需求明显高于其他人群，注重精神激励会起到良好的效果。

原则二：激励过程要注重公平性。根据美国心理学家亚当斯提出的公平理论，不公平使人的心理产生紧张和不安的状态，对人的行为动机有很大影响。当个人认为自己受到了不公平的对待，就会产生不满和消极行为，每个人都是用主观的判断来看待自己是否受到了公平的对待，在某种程度上，对奖励的相对值比绝对值更加重视。

原则三：激励要注重时效性。奖励的时效对奖励的激励效果有很大的影响，它包括两方面的含义：一是奖励时机的选择。应在令人满意的行为发生后立即予以奖励，亦即正强化，这样强化的效果才最好。二是奖励频率的选择。奖励不能太频繁，太频繁则使其容易形成习惯，起不到激励的作用；而频率太低则会降低教师的期望值，打消教师的积极性。一般来说，长期性的、完成较困难的任务以及在工作满意度高的工作岗位，激励频率应小一些，但要让他们感到劳有所值；而经常性的、容易完成的工作和工作比较艰苦的工作岗位应经常进行激励。

原则四：激励要适度。"中庸之道"是中国几千年文化的积淀，且经常被人们批判为封建思想的糟粕，其实他们是没有理解中庸思想的精髓。中庸是要我们做事时把握好度，而不是简单的折中。激励的大小要与学校的承受能力、劳动的价值相适应才能服众，才能起到良好的激励效果。激励太多，容易产生不劳而获的心理预期，产生不了工作的动力；激励太少，劳而无获，同样也产生不了积极性。

（3）有效的激励模式。应通过五种途径对教师进行激励，具体如下：

第一，在薪酬制度设计上，要突出工作量对薪金总额的影响。过于平均的薪酬制度设计容易使教师在达到一定目标后产生惰性，如果在现有职级的基础上进行分化，同时拉开各级别间的薪金额度，可以使教师即使达到了某一级别仍有向上努力的空间。特别是教授岗位，因往上职称已经到顶，可以在那些距离带头人层次尚远的教师群体中设置教授的级别，只要达到了一定的教学工作量、教学效果以及科研工作量等，就可以拿到比未达到的教师高得多的薪金，这样设置的标准就成为一种导向。

第二，树立目标，激发教师的心理预期。这也是我们经常说的目标激励法。有关目标设定的研究表明，设定恰当的和富有挑战性的目标能够产生强烈的激励作用。目标太低，激发不了积极性；目标太高，由于实现无望也同样产生不了积极性。目标的设定应遵循五个原则：一是目标要有挑战性，要具有一定的难度；二是目标要有可实现性，是指目标是教师经过自身的努力可以达到的；三是目标要具有量化指标，设定的目标不能是一个模糊的概念，要有数量和质量的指标进行表示，以便考核；四是目标应由教师参与制定，所有教师，至少是绝大多数教师可以广泛参与；五是目标的制定要与学校的发展目标相一致。学校要加强学科建设，提高教学质量，提升科研水平，改善教师结构，那么在教师的考核、酬金发放、职称评聘以及对教师的培养等方面都要恰当地提出对个人科研水平、教学质量以及知识结构、个人能力等方面的目标，这同时也是一种导向作用，使个人目标得以实现，间接达到学校目标的实现。

第三，公平对待教师的劳动是最好的激励措施。这里所说的公平，不是平均主义，而是按劳分配上的公平。我们在日常的工作和生活中，总是会与其他人进行比较，从而产生公平感或不公平感，教师同样如此。教师对激励措施往往更看重横向的比较，看其他人在付出同样多的劳动后得到的激励与自己获得的激励是否一致，而非仅仅是获得激励的绝对数量，而且，这种比较绝对的激励对教师来说更为重要。因此，不公平的激励在效果上甚至不如不激励。

第四，言必信，行必果。要注重对激励措施的兑现，不能只说不做，这包括两方面的含义：一是在制定激励措施时，要充分考虑学校自身的承受能力，不能做出超过学校支付能力的承诺；二是做出的承诺就要兑现，即使当初的承诺已对学校的发展失去了意义，但在学校没有明确停止激励前，仍需要兑现，这样会使教师免除付出劳动却无法获得回报的后顾之忧。

第五，教师参与决策是对教师的最大激励。教师参与决策是治理理论在高校管理中的一种实际体现，也是发扬民主、满足教师受尊重和信任的需要，同时能增进决策者和教师间的了解，创造出相互信任的心理氛围，还能增加教师的满足感和归属感。教师参与学校政策的制定是学校合理、正确决策的必要条件，而合理、正确的决策本身就是对教师最好的激励措施。现代管理心理学认为，在一个团体中，经由民主讨论而做出的决策比由领导者独断专行做出的决策能更多地获得成员的关心和支持。教师参与决策，从实际行动上证明了教师是学校的主人，而不是旁观者。教师参与决策的方式有很多种，如教师代表大会、日常规定制定前的征求意见、经常性的沟通以及成立各种由教师为主导的委员会负责专项事务的管理。教师参与决策，可以充分利用高校教师群体的高智力资源，有利于决策的科学性和合理性，还可以体现教师在学校的主人翁地位，使教师感到自身的利益和学校的利益息息相关，更有利于调动教师的积极性，使教师资源得到更充分地利用。

五、构造和谐氛围，形成独特的校园文化

校园文化是一种特殊的社会亚文化，是在特定的环境中创造出来的，与社会、时代密切相关又相对独立，有着鲜明校园特色的人文氛围、校园精神和环境。校园精神是校园文化的核心，是学校师生员工价值观和人生观的综合反映，是共同的理想、信念、追求，共同的行为规范和标准模式的综合体现。校园文化对教师的影响是看不见、摸不着的，也往往被管理者忽视。现代的校园文化建设是现代人力资源管理理论与传统的人事管理制度之间的重要区别之一，校园文化建设对学校发展目标的实现起着保障和促进作用，主要表现在：首先，校园文化可以有目的地引导、塑造学校内部成员的行为，增强教师行为的一贯性；其次，文化本身就是一种黏合剂，可以将不同个性、不同思维方式，甚至不同价值观的教师黏合在一起，增强教师队伍的凝聚力；再次，校园文化使教师在思想上自觉地将自己与其他学校区别开来，从而对增强教师对学校的认同感和归属感起到积极的促进作用；最后，校园文化使教师自觉地将自身利益与学校的总体利益联系在一起，将教师个人的发展目标与学校的总体目标联系在一起，教师与学校荣辱与共。

校园文化的形成非一朝一夕之功，而是在长期办学实践的基础上，经过历史的沉淀、自身的努力和外部环境的影响，逐步形成的一种特殊的社会文化形态。罗马不是一天建成的，但我们却不能因此忽视了对校园文化的建设，教师作为其中的一分子，应该积极地投入校园文化的建设，为校园文化的发展做出努力。

校园文化建设的首要任务之一，就是传承学校的悠久历史。"以史为鉴，可以知兴替"，历史是我们最好的老师。从学校的发展历史中，我们可以总结出学校建校以来发展中的成功经验和失败教训，从学校发展的荣辱兴衰中，可以帮助我们培养教师的自豪感和归属感。校园文化建设还要弘扬科学精神。科学精神是学者在长期的研究活动中形成的价值观和行为规范，是他们人格和精神气质中的精华，具有深刻的思想内涵和极强的思想文化教育功能。科学精神就是创新精神，没有创新，科学将失去生命力。弘扬科学精神有利于教师正确树立世界观、人生观和价值观，有利于掌握科学的学习方法和研究方法，有利于教师深入地开展科学研究，提高教学质量和学术水平。

加强校园文化建设，不仅要给教师提供学术自由的发展空间，更要充分调动教师参与学校建设的积极性，为学校的发展献计献策。"百花齐放，百家争鸣"不仅仅是对教师的学术研究而言，对于学校政策的制定，更要坚持民主，在学校的决策中，要多倾听教师的声音，坚决抵制官僚作风，要认同在管理中出现的不同声音。只要全校教师都能投入学校的建设中，关心学校的发展，在各自的角度对学校政策的制定进行客观评价，我们就能在发展的道路上少走弯路，这样才能更快、更好地实现学校的发展目标。

加强校园文化建设，要建立和谐的人际关系，要创造良好的校园文化氛围，让教师有更温馨的环境，能集中精力搞好科研和教学，使教师能体验到自身存在的价值，使其被尊重、被关心、被爱护的需要得到满足。良好的校园文化氛围能维持并增进教师的心理健康，保证教师群体间的团结与合作。主要措施有四点：一是改进领导作风，改善干群关系。领导者和管理者要平易近人，遇事要与教师多进行沟通，在工作上要协调一致；二是应尊重教师在学术上的不同意见，尽可能地为教师创造良好的工作环境，关心教师生活上的困难，解除教师的后顾之忧；三是学校要为教师间的人际交往创造良好的条件，消除各种障碍因素；四是要加强对教师队伍中师德高尚、学术造诣突出、教学质量优秀的教师的宣传，使全校形成一种重品德、重知识、重人才的良好风气，使人力资源管理主体与教师之间形成一种互惠互利、默契双赢的局面。

总之，我们要把良好的校园文化作为学校效益、质量、规模协调发展的关键因素，并围绕学校的办学目标，合理规划，优化配置人才结构，更充分地发挥高校人力资源的效益。

第四章 高校教育教学质量管理模式创新

高校处于教育链条的末端，其培养出来的人才将会直接接受国家、社会、以及人民的检验。换言之，高校的教学质量将会直接影响到人才的培养质量。

第一节 高校教学质量管理概述

一、教学质量管理的内涵

教学质量管理实质上就是管理教学质量形成的全过程和各环节，把有关人员组织起来，把影响教学质量的各种因素控制起来，以保证在教学质量形成的过程中不出差错或少出差错，逐步提高教和学的质量。所以，实行教学质量管理是提高教学质量的重要保障。教学质量不是考出来的，而是教出来的、学出来的。管理者应将教学质量管理的重点放在平时形成教学质量的全过程和各环节上，而不应放在考试上。

教学质量管理主要内容具体如下：

（1）管理者应进行宣传教育，做好思想工作，充分发挥全校教职员工的聪明才智，提高他们的质量意识，使人人关心教学质量、个个参与质量监督，认真负责地做好质量管理工作。

（2）管理者应建立和健全教学质量管理体系，组织所有与教学质量相关的人员进入教学质量管理系统。每个人都应充分履行自己的岗位职责，充分发挥自己的岗位职能，使上下左右信息渠道畅通。

（3）在每学期开学之前，管理者应根据上一学期的经验教训，采取上下学期结合的方法，提出新学期的要求或目标，实施相应的计划。

（4）管理者应检查各职能部门、各教研组、各班级的实施情况，控制和调节影响教学质量的各种因素。

（5）管理者要充分了解和掌握教学质量的情况，用数据说话，不能停留在用生动的和突出的事例来说明问题的水平上。

二、教学质量管理的类型

（一）预防性质量管理

预防性质量管理主要指高校通过抽样检查，及时了解教师备课、上课、批改、辅导的质量，及时了解学生预习、听课、复习、作业的质量，从中发现和解决问题，及时总结经验并推广。预防性质量管理是稳步提高教学质量的一种可靠的保证，这种管理既可以防患于未然，又可以防止和减少教学中的倾向性问题发生。

（二）鉴定性质量管理

因为鉴定性质量管理是管理者到了一定阶段后所进行的质量检查和质量分析，所以又叫阶段性质量管理。比如在新生刚入学后，有的高校会进行摸底测验或编班测验，及时了解学生在上一个学段完成学习任务的情况，并及时进行补缺补漏的做法，就属于这种管理；有的高校在每个学年对学生德、智、体、美、劳各方面发展情况进行全面的分析评定，做出升留级的决定，并且总结这方面的经验的做法，也属于这种管理；对毕业班学生德、智、体、美、劳全方面的发展情况进行质量检查和质量分析，总结经验的做法，也属于这种管理。

（三）实验性质量管理

在教学质量管理过程中，许多做法都要经过科学研究和科学实验，只有被证明是切实可行、行之有效的，才能被逐步推广。这样做，不仅能够让管理者提高自觉性，减少盲目性，学会按照客观规律办事，而且可以防止挫伤师生员工积极性情况的出现。如果管理者见到新方法不经过研究和实验就直接拿来用，很有可能会在实施过程中出现各种问题，从而造成资源和时间的浪费。

三、教学质量管理的原则

（一）坚持以教学为主

高校以教学为主是由高校本身的性质、任务决定的。教学是高校的根本任务，就像生产是工厂的根本任务一样，否则高校就不能被称为学校了。高校的这种性质、任务，决定了教学工作是学校工作的中心，是处理矛盾、全面安排工作的出发点和落脚点。当然，坚持以教学为主，并不是一件轻而易举的事情。高校必须端正办学指导思想，提高科学管理水平，改进工作作风和工作方法，才能切实做到这一点。

要做到以教学为主，就要使全体学生德、智、体、美、劳全方面都得到发展，提高教师的思想水平、业务水平和教学水平，充分发挥教师的主导作用和提高学生的学习积极性等。

（二）坚持实事求是

"实事求是"是做好工作必须遵循的一项重要原则，也是高校实行科学管理的一项重要原则。在高校管理工作中，一些高校领导存在着

"重经验，轻理论"的问题，进而阻碍了科学研究和科学实验广泛深入地开展。只有将这个问题解决了，高校领导学习科学理论并用以指导高校管理实践的自觉性才会提高，工作的盲目性才会减少；只有将理论同实践结合在一起，才能从实际出发，找出周围事物的内部联系。

（三）坚持思想政治工作优先

高校领导是师生的带路人。一所学校能否按照党中央和国务院指引的方向前进，成为社会主义精神文明基地，要看高校领导能否做好思想政治工作，能否对来自校内外不良影响采取有力措施加以遏制。近些年，在教育质量管理过程中，一些高校出现了重视文化成绩，忽视学生德智体美劳全面发展的倾向；重视知识传授，忽视发展能力的倾向。在教学质量管理工作中，高校领导应该明确思想政治工作的地位和作用；应该明确在新的历史时期加强思想政治工作的重要性；也应该明确，在学校里，思想政治工作不能离开以教学为中心的轨道而孤立地进行。因此，高校领导还要结合业务工作和日常管理活动进行思想工作。

第二节　高校教学质量管理体系的构建

一、构建高校教学质量管理体系的意义

（一）适应社会监督和评价，促进办学特色和个性定位

我国高等教育大众化以来，准确定位成为当前乃至今后高校个性化发展的前提和关键。高校不断扩大自主权后，通过办学质量和实力竞争择优录取考生，也促使考生根据自己的水平选择学校和专业。这种发展现实必然促进国家主管部门定期对高校办学质量进行评估，向社会公布

各高校的教育水平和专业特色，以供考生和家长参考。同时，教育是一个公共话题，高等教育大众化后社会就业问题不断严峻的事实也说明，高校要适应多样化人才需求，必须加强教学质量监控体系建设，以较高的人才培养质量来赢得社会和用人单位的欢迎。

（二）理顺教学管理体制，规范质量管理

自教育部启动五年一轮的本科教学水平评估工作以来，大部分高校都结合自身实际引入和嫁接诸如全面质量管理、ISO9000 质量标准、系统分析等各种管理理论，建立了各种质量管理模式。但是，囿于统一的行政管理体制，高校教学管理体制一般在学校党政领导下，宏观上由学校教务处统筹把握，担当教学质量管理的主要角色，中观层面在很大程度上由各院（系）、部具体操作，而微观层面由专业教研室实际操作。从"科层制"角度来说，各院（系）与教务处属于同一级别，长期由于权限关系不清，难以有效发挥教学质量监控的功能。因此，建立教务处宏观统筹协调、各院（系）相对独立的教学质量管理体系，既是理顺教务处与院（系）管理关系的需要，也是规范学校教学管理制度的必然要求。

二、构建高校教学质量管理体系的原则

（一）动态性原则

动态性原则是构建高校教学质量管理体系的基本要求。高等教育的发展是一个不断变化的动态过程。各高校应从本地区高等教育发展变化的实际出发，根据自身的现实情况，动态地构建高校教学质量管理体系。动态性原则是指构建高校教学质量管理体系必须根据不同的情况，确定和采取不同的措施、策略和方法，使高校教学质量管理体系具有针

对性和适应性。

（二）发展性原则

随着社会不断前进，高等教育也在不断发展。因此，针对它而构建的高校教学质量管理体系也不能一成不变。有效的高校教学质量管理体系应根据社会环境的发展变化做出及时调整，从而不断适应高等教育的发展。此外，高校教学质量管理体系还应该吸收国内外先进的技术和经验，及时反映出教学质量管理的新概念、新思想和新方法。只有保持先进性和超前性，才能使教学质量管理体系保持相对稳定性。

三、构建高校教学质量管理体系的途径

（一）建立多元的高校教学质量管理观

高等教育规模的不断扩大使高等教育普及化的进程越来越快。数量的增长只是大众化的表面现象，它带来的更深层次的变化是观念的变化和模式的创新。高校应在思想观念上主动转变，以积极的心态面对高等教育大众化阶段带来的挑战。高等教育大众化阶段的发展多样化促使高校教学质量管理观和高校教育目标向多元化发展。所以，管理者必须在思想观念上及时转变，将封闭的内向型思维转变为现代开放的外向型思维。为了形成多元化的高校教学质量管理观，管理者应主动进行高等教育的理论与实践研究，从而使多元化的高校教学质量管理观得到确立，避免用一种质量标准去衡量所有高校活动的质量。

（二）建立完善的高校教学质量管理体系

高校主要通过建立完善的教学质量管理体系来保障教学质量。高校应树立牢固的质量意识，建立教学质量管理体系，充分发挥管理体系的作用。所有外部的评估与监督措施要达到对高校教育质量应有的保障效

果，就离不开高校自身的教学质量管理体系。所以，关键是要建立起完善的高校教学质量管理体系。

（三）建立国际高校教学质量管理体系经验吸收观

我国高校必须借鉴国外的成功经验，加强国际交流与合作，建立符合国际标准、具有中国特色的高校教学质量管理体系。经过多年的飞速发展，我国高等教育进入大众化阶段。质量是高校生存与发展的关键，所以，高校要重新审视高校教育教学质量问题，重新树立高校教学质量管理观，建立更加完善的教学质量管理体系。学校要想生存和持续地发展下去，大众化高等教育的规模扩大和发展就必须以保证质量为前提。也只有这样，大众化高等教育才有意义。高校应建立一套与现实背景相适应的多元化的综合性高校教学质量管理体系，从各个层次和角度确保人才培养质量，促进高等教育质量的提高，最终实现全面的、可持续的中国高等教育的发展之路。

第三节　高校教学质量管理的创新措施

一、做好标准化工作

（一）制定明确的教学质量标准

教学质量形成的全过程和各个环节都必须有明确的质量标准，否则我们就难以准确衡量和评定教学质量的优劣程度，也难以准确地判定教学质量究竟是否全面地贯彻了党的教育方针，是否实现了管理目标。要实行教学质量管理，就要研究和制定评定教学质量优劣程度的标准。教师要按照教学计划、教学大纲和教科书的要求上课，并且在每个学年、每个学期、每个单元、每一节课的教学过程中和各个环节中去具体落实。

（二）制定明确的学习质量标准

只有管理者明确了学习的质量标准，才有可能使学生明确每一学年、每一学期的学习任务和要求，从而主动地完成学习任务，完成学习目标。高校应研究并制定学生预习、听课复习、做作业等几个环节的标准，而且要严格检查，通过学习质量标准化的工作，调动学生的学习积极性，培养学生良好的学风。

（三）制定明确的教学质量管理工作标准

教学质量管理的所有工作都要标准化。各项工作要有一个标准，这样管理者才能评定其优劣程度。标准应便于执行，便于检查。例如，管理者在制定实验室管理员的工作标准时可参考以下四点。

（1）仪器、药品、标本、材料、设备等账目清楚，制度健全，随手可查、可取。

（2）要分类编号各种仪器、药品、标本、挂图、材料，存放要有规律。试剂要有标签，要定点存放配套附件，要保持玻璃仪器清洁干净。

（3）能提前一周为实验课和演示实验做好必要的准备，协助教师上好实验课。

（4）做好保管、维修、安全工作。

标准要如实反映情况，不断修改，不断完善。无论是成功的经验还是失败的教训，都应该加以总结使其标准化。待下次再做同样的工作时，可直接按标准进行，借鉴成功的经验，防止再次失败。这样可使学校的工作条理化、专职化，简化管理工作，达到高效率的目的。

标准化既是质量管理的结果又是下一循环的起点。所以，全面质量管理从标准化开始，到标准化告终。如此周而复始，逐步完善，整个学校就会出现欣欣向荣的局面。

二、做好教学质量督导工作

（一）构建健全的督导体系

1. 确定合理的督导模式

我国高校应以促进教学质量的提高为重心，以发现问题为前提，以改革教学环节为途径，重新定位教学督导工作，重构与本科教学评估相结合的校二级督导管理机构，在二级学院成立院级督导小组，将教学督导工作重心下移，进一步强化各学院的自我质量监控功能，充分调动二级学院的积极性，发挥各学科专家在各自专业方面的优势，使督导工作更有针对性与实效性。

2. 健全教学督导体系

我国高校应进一步明确督导人员的责、权、利，提高教学督导在质量监控体系中的地位和作用，强化其督导功能。教学督导体系的建立和健全，是进行教学质量监督的重要前提。只有充分发挥教学督导体系的作用，才能使质量监控更加公平合理，并取得良好的监督和控制效果。

（二）构建督导与服务相"融合"的体系

"导"是教学工作的重点内容，"督"是为了更有效地"导"。以"导"为主，以"督"为辅，"督"和"导"相融合才能使"导"具体到位，使"督"得到延伸和落实。督导人员要通过对教师工作的"督"，了解和掌握其不足之处，帮助他们解决教学中出现的问题，改革教学方法与手段，提高教学技能；督导人员要挖掘教师的潜能，帮助他们总结经验，形成个性化的教学风格。同时，校院两级管理部门要定期组织召开督导工作会议，索取建议，处理信息，解决督导中存在的问题，帮助督导人员提高工作效率与督导水平，使其更好地服务教学工作。

（三）加强督导队伍的专业化建设

学校要重视督导人员的整体素质。建立一支专、兼职相结合，专业、年龄结构合理，素质良好的督导队伍是高等教育教学改革与发展的需要，也是高校提高教学质量的必然要求。高校要加强督导队伍的专业化建设，优化督导队伍的专业结构，应要求督导人员具有专业知识、专业技能和职业道德；建立有效的督导人员培训机制；明确规定督导人员的职责与职权；引导和鼓励督导人员加强理论与技术研究，提高其督导工作水平。总之，高校能否顺利构建及运行教学督导系统的关键在于是否具备一支高素质的督导队伍。

三、做好一支合格师资队伍的建设工作

教师是办好学校的主要依靠力量。建设一支有足够数量的、合格而稳定的师资队伍，是提高教育质量的根本大计。

建设一支具有竞争力的高素质师资队伍，是保障高校教学质量的关键所在。因此，高校管理者必须全面提升师资队伍素质。此外，教学质量的提高与高校教学工作相关的所有人员都有着密切的联系，尤其是与教学管理队伍人员的素质紧密相关。

师资队伍是一所大学的灵魂，决定了学校的教学质量、科研活动质量、人才培养质量和社会服务质量，是一所大学的生命所在。提高教学质量和办学效果的根本在于抓好教师队伍建设。因为教学质量提升和师资队伍建设之间存在着密不可分的关系。

（一）处理好教师观念与教学质量之间的关系

教师的教学行为对教学质量有重要影响，教育理念又是决定教学行为的重要因素。所以，管理者应首先引导教师改变教学观念、抓好教学质量。解决好"教师观"和"学生观"这两个方面的问题，是转变教学观念的关键。

重新定位教师功能和角色是转变教师观的重要方式。教师的教学目标究竟是对知识进行讲解和传授，还是通过引导学生学习，使学生的思维品质得到提升，是管理者必须深入思考的问题。

在传统的教学观念中，教师最重要的任务就是向学生传授知识，但学生在学习过程中易形成思维上的依赖感，往往会直接获取教师提供的知识，久而久之成了知识灌输的容器，而教师则成了知识的搬运工和讲解员。事实上，教师的角色是一个引领者，他们在学生的学习过程中起到引导、促进和帮助的作用。使学生学会学习、学会思考才是教师的教学目的。

当前的学生观主要强调的是在教学实践中尊重学生学习的个体差异，遵循学生的学习规律，为学生的学习能力的提高找到科学合理的方式方法。教师只有转变之前不科学的学生观，才能真正确立学生学习的主体地位。

此外，教师观念的转变，一方面需要相关的理论指导，另一方面需要教师不断地在自己的教学过程中进行反思，从而达到提高认识和转变观念的目的。

（二）处理好课堂教学与教学质量的关系

教学质量管理工作必须深入教学第一线，否则难以收到实效，管理者也难以和教师有深入的切磋和交流，难以进行切实有效的教学指导，或者只是凭借考试结果进行评价，因而难以保证教学的质量和效果。管理者应组织教师不断研究并解决教学过程中出现的问题。

同时，管理者要引导教师结合自己的教学实践对一些给教学行为带来干扰的、似是而非的模糊认识进行冷静思考。

（三）处理好教学方法与教学质量的关系

教学方法对教学质量有影响是毫无疑问的。良好的教学方法有利于学生在更短的时间内掌握知识，在相同的时间内掌握更多的知识或更深刻地理解所学的知识。相反，如果使用的教学方法不恰当，尽管教师十分努力，学生也付出了很多的精力，但学生就是无法有效地掌握所学知识。可见，探究教学方法对提高教学质量十分重要。因此，管理者要积极鼓励和帮助教师设计出个性化的教学方法。总之，教学方法和教学成效之间存在着某种密切的联系。这就要求教师要注重积累经验，分析这种相关性，确立检验成效的标准、内容和方法，通过考查学生自学能力，优化学生思维品质，切实保障学校工作的整体推进。

第五章　高校教育教学管理的新发展

　　我国教育事业的发展和高校教育的普及，计划经济条件下的集中式管理模式早已经不适应当代大学生教育教学的需求。当代大学生教育教学管理模式的变革与创新，要求转变管理观念，探索适合大学生教育教学管理的新模式。当今时代，高校教育向着培养复合型人才的方向发展，多校区高校办学已经成为一种世界趋势，借鉴国外教育教学管理经验，探索我国多校区大学教育教学管理的新模式已经成为教育研究领域一个十分重要的课题。

第一节　互联网教学资源在高校教育
管理中的应用

　　教学资源是指各种各样的媒体环境与一切可用于教育教学的物质条件、自然条件及社会条件的总和。具体来说，教学资源则包括教学资料、支持系统、教学环境等组成部分。教学资源具有保证教学活动正常进行为的基本功能，具有支持教学和提高教育效果的功能。教学资料指蕴含了大量的教育信息，可以创造出一定教育价值的各类信息资源。信息化教学资料指的是以数字形态存在的教学材料，包括学习者和教师在学习与教学过程中所需要的各种数字化的素材、教学软件、补充材料等。

一、网络教学实现的目标

突破传统的课程教学讲授模式，借助网络教学资源的多样化、现代化特点，使教学支持模块化课程内容，增强教学内容的灵活性和实用性，将知识和技能有机地融为一体。利用网络资源，实现教学过程满足学习基础不同发展需求各异的学生的需要，突出其实践性和灵活性的特点。

二、网络教学资源的优化

网络教学资源的应用和开发充分展现了现代计算机网络技术及资源信息共享的优势，把计算机技术的智能化、多媒体化、实时化优势发挥到极致，使得其具有传统教学模式所无可替代的优势，符合高校教学改革的主流。构建网络教学资源平台有利于教师利用网络资源组织教案，更好地进行教学，使教学具有较强的互动性，为教学质量的提高奠定坚实的基础。

利用网络资源改善教学资源学习环境，是现代教学的必要手段。高质量的网络资源是提高现代教学质量的重要教学基础，这事关教学成败。同时，网络教学资源的建设也是一个长期的、反复的、与时俱进的过程，需要时刻依托计算机新技术进行管理和更新。

三、网络教学资源的实现

网络教学资源的实现涉及具体学科资源、技术支持等问题，是一项复杂而长期的系统工程，其包含网络教学资源管理平台的建设和网络教学资源本身的建设两个方面。

利用网络资源教学的巨大优势在于教学资源信息的共享。教师通过搜集与教学内容相关的各类教学资料，制作适应本课程教学计划的课件，同时亦可共享至网络，为其他需求者提供有利的资源。

（一）网络教学资源管理平台的建设

由于各教学学科知识更新的加速，教学资源的丰富速度也必须跟上步伐。实现这个目标就需要一套完整的制度，确保网络教学资源建设的有序开展。高校应该制定相应的规章制度，将网络教学资源建设作为学校日常工作进行。

网络教学资源管理平台必须构建有效的教学行为和教学管理行为。教师作为教学活动的直接执行者，在教学活动中起着主导作用，主要完成教学活动设计、教学开展等具体的教学工作。学生作为教学活动的主体，应积极实现各方面的学习行为。例如，现在高校中都在建设使用的数字化教学平台，实现了教师和学生远程互动教学，教学距离远了，但教学面却拓宽了，师生互动变得更加方便和有效。因此，网络教学资源建设平台必须实现教师和学生的各类教学行为，保证在网络环境下教与学有效地实施与结合。

网络教学资源有诸多形式，因此其管理平台系统的建设也应着重对不同类型的资源进行高效管理，同时更应在此系统上对资源的应用进行有效地管理。[①]

（二）网络教学资源建设

网络教学资源建设一般由专业的计算机技术人员或学院一线专任教

---

① 兰国帅."互联网＋"背景下信息化教学资源共建共享与服务［M］.北京：科学出版社，2019：72.

师来制作。由专业计算机技术人员制作的资源内容形式多样，资源建设标准美观，但不足之处是对教学资源等内容缺乏了解，导致资源建设不能有效地符合教学需求。而由学院专任教师建设的资源虽然解决了上述缺点，但弊端是缺乏相应的计算机技术及多媒体应用技术。因此，要求专任教师和计算机专业技术人员相互配合，高效地建设网络资源。

为了保证有效且高效地利用网络资源，教师和学生必须依托计算机新技术，使网络教学资源内容通过一定的方式进行有效地组织和管理。在网络教学中应发挥教师的主导作用，坚持以学生为主体，支持各种形式的教育模式。网络资源要与教学内容紧密结合，使其真正符合实际教学需求。

网络资源在教学中的广泛应用改变了教学过程中教师与学生的地位，教学方法也发生了巨大的变化。利用计算机新技术构建网络教学资源不能改变教育的最终目的，其目的仍然是促进学生的发展，因此一定要把学生的发展作为衡量网络教学资源有效性的核心标准。学生学习能力不尽相同，这就要求在教学中要充分体现学生的主体地位，根据不同学生的要求，利用计算机相关技术适时调整教学资源，以满足不同层次学生的学习需要。高校可以利用计算机技术，调控网络教学资源的建设与学生的学习活动，实现对网络教学资源的动态调控。

高校利用网络资源进行教学活动的目的是为师生提供丰富且易接受的学习资料，从而使师生能更方便、更有效地实现教与学的目标。网络教学资源的建设应以实际应用为导向，从教育教学的实际出发，不断进行探索和丰富。

第二节　网络教育平台在高校教育管理中的应用

在信息化时代，知识更新频率持续加快，怎样更好、更高效地学习是摆在我们面前的一个难题。随着计算机技术和宽带网络的飞速发展，基于网络教学平台的采用多媒体技术的互动授课方式应运而生，它加强了高校间优质教学资源的共享，促进了网络技术在精品课程建设中的运用，为高校教学提供了一种新的手段和方式。从一定意义上说，网络教学平台的使用对于高校教学来说是一场革命。一个完整的基于互联网的网络教学平台包含三个子系统：网上课程开发系统、网上教学支持系统和网上教学管理系统。

一、在精品课程建设中的应用

根据教育部精品课程建设的要求，省级以上精品课程均须建立课程网站，作为公共资源向社会开放，以便资源共享。网络教学平台主要解决了教师如何将自己的课程资料传到互联网上的问题，它变分散管理为集中管理，教师不用再为每门课程制作一个网站，即使有的教师网页制作水平不高也能制作。

网络教学平台可以作为资源的载体，对分散的课程资源进行统一的建设和管理，以课程为单位将资源组织起来进行资源浏览、下载、上传、评价，便于师生查询和使用教学资源。一般认为，在网络课程学习环境中，学生开展了包括学习、评估和互动等多元化的学习活动。好的网络精品课程在学习内容上进行模块化设计，学生根据自己的兴趣需求自主打造学习方案，更便捷地获得和利用教学学习资源，更为注重学生的学习过程，强调形成性考核，考核方式多样化，注重发展学习的趣味性和情感交互。

网络精品课程中师生交互的方式呈现多样化，除了电子邮件、通知公告、作业提交与反馈、在线答疑、课程论坛等，还出现了更多支持服务栏目如答疑集锦、短信平台、虚拟社区、文字聊天记录、博客等，有些课程还别具匠心地开发了一些与课程相关的小游戏，寓教于乐，处处体现了人文关怀。

二、作为辅助教学手段

采用网络教学平台开发的网络课程可以作为学生自主学习和辅助教学的手段，主要有教材以外资源的展示、作业布置、单元自测、模拟考试、答疑、讨论等内容。网络平台的交互性使学生在学习中处于主体地位，学生可以根据自己的情况随时调整学习内容和进度，进行自主学习。这种学习方式使学生始终处于最佳状态，大大降低了学习的难度，激发了学生读书的兴趣。

由于理工科专业的性质，在传统授课中，教师需要大量板书、绘图、挂图及笨重的教具，教学效率较低，搬挪教具极为不便。例如，机械设计基础课程在讲诸多平面连杆机构的演化和运动特性内容时，若仅仅依靠课本，不管是文字、图形还是举例，学生所接触的、看到的都是静止的东西，空间思维能力好的学生勉强能理解，而对那些空间思维能力比较弱的学生来说，他们通常会感到茫然不解。针对这一情况，教师可以采用多媒体结合网络教学手段，针对网络教学资源库补充大量的其他类型的演变机构，各类机构仿真及视频都能按照各自的运动规律进行运动，这些教学资源更有利于学生课后的强化理解。由此可见，网络教学平台在授课时能发挥极大的作用。

网络平台教学资源丰富，通过建设网络教学平台，一方面给学生提供了大量的教学资源，解决了教师上课时遇到的很多问题；另一方面培养了学生的信息素养、自主学习能力、协作学习能力以及运用现代教育技术学习的能力，拓宽了学生们的知识视野，最重要的是提高了学生对学习本门课程的兴趣、热情和参与程度。

学生可以利用网络教学资源进行自主学习。由于网络能为学生提供丰富多彩、图文并茂、形声兼备的学习信息资源，学生便可以从网络中获得学习资源，这些信息资源不仅数量大，而且视野多、层次多、形态多。与传统教学中以教师或几本教材、参考书为仅有的信息源相比，学生有了很大的自由选择空间，选择的自由是自主学习的前提和关键。学习者不再是知识的被动接受者，而是知识的主动建构者。学习者可以根据自身的需要，自主地投入学习，从而进一步激发学习兴趣和学习自主性。这种学习方式使学生始终处于最佳状态，大大降低了学习的难度，提高了学生读书的兴趣。

传统教学在很大程度上束缚了学生的创造力，各种教学活动都是把学生置于共同的影响之下，让他们读相同的教材，听相同的讲授，参考相同的资料，用统一的内容和固定的方式培养的人才，这使得学生的个性得不到充分发挥，学习需要不可能完全地获得满足。网络教学可以进行同步的交流和学习，学生可以根据教师的安排和自己的实际情况进行学习，克服传统教学中的人为的同一现象。学生与教师之间可以通过网络交流，在进行学习的过程中就能及时地了解到自己的进步与不足，及时按要求调整学习。利用网络可以在任何时间进行学习或参与讨论，从而实现真正的个性化教学。

网络教学是以网络为媒介进行交流，可以使教师与学生之间在教学中以一种交互的方式呈现信息，教师可以根据学生反馈的情况来调整教学内容，学生不仅可以和自己的任课老师进行交流，还可以向网络服务提出问题。这样可以使学习者主动参与到网络学习活动中去，从容不迫地发表见解，充分调动了学习者的积极性。实时交互的顺利开展，对保证学生学习的有效性和教学活动的有序性起到非常重要的作用。

评价及考核是一种督促学生学习的手段，其真正目的是让学生更好地掌握所学知识。网络平台中作业与测评系统为学生提供了在线练习和测验的空间。网络教学平台的介入，为实施多种方式的学习评价提供了可能。在教学过程中，利用基于网络教学平台的学生互评、小组互评、自评、教师评价等多种评价方式，可以使学生对自身的优缺点有进一步地了解，继而找到自我提高的方向。教师可通过该模块随时随地掌握学生对知识点掌握的情况，并以此为依据对课程教学做出评价和修改。授课教师将作业习题按照章节、难易程度和题型类别存放在作业库中，学生可以根据课程进度在线完成相应的习题解答，但在提交作业过程中基于平台窗口操作的复制、粘贴功能，抄袭他人作业变得轻松容易，作为教师也拿不出有力的证据对他的成绩进行评判，因此对于教师来说成绩评定较难。还有部分同学登录的次数虽然少，但作业完成得较好；相反部分同学登录次数多，在线讨论的问题也多，但作业完成得不理想，教师在评定成绩时无法完全实现公平性。另外针对简答类的在线测试，部分学生见题后，第一反应就是在线寻求帮助，网络中寻求答案的现象比较普遍。

网络教学平台的应用，增加了教学方式的多样性，提高了学生的学习兴趣和学习质量，有利于对学生现代教育技术能力的培养。当然，利用此平台在教学过程中也存在许多问题，受学校教学条件或自身经济条件的影响，部分学生不能保证时常登录平台进行学习，通常错过与大家一起交流和解决问题的时机。在初始教学过程中须采用评价机制，如登录次数、登录时间、提出问题的次数、解答他人问题的次数、在线交流参与的积极性、是否及时完成活动任务、优秀作品的个数等，以此来激励学生学习，否则学生不能集中注意力到网络教学中来。由于网络教学平台访问量较大，很多时候教师不能及时解答学生提出的问题，多数学生认为如果所提问题不能及时得到答案，久而久之将失去在线学习的兴趣，积极性也会慢慢淡化。

网络教学平台的设计、开发与应用，很好地解决了现代远程开放课堂教学因时间和空间限制而不能有效地进行师生双向互动活动的问题。但这并不是说教师在网络教学中的作用淡化了，反而在网络教学的探索阶段，教师的作用将更为突出。随着高校改革的深入，各高校今后应进一步强化网络教学的应用，从而加快新思维、新观点的诞生，充分合理地挖掘及有效地利用网络教学的优势。但是，网络教学中的一些弊端在我们今后的教学中也是不容忽视的。[①]

三、在网络教育中的应用

我国的网络教育、网络大学的教学形式，就是将课程资料经过多媒体改造后通过互联网发布，学生通过各自的浏览器进行课程学习。它的主要工具就是基于 Web 的网络教学平台。教师把互联网作为教学媒体，传送教学内容，实施教学管理，并进行网上测试和网上交流。网上教学

---

① 陈芸芬. 以人为本理念在高校教育管理中的应用 [J]. 宁夏大学学报（人文社会科学版），2019（6）：184—187.

平台为教师和学生提供了一个多层次、立体化的教与学的互动空间。通过强大的学生学习情况跟踪、评价及学习效果分析工具，教师可以及时获得网上教学或日常教学情况的反馈，以便对教学工作进行必要的调整。

第三节　社会教育在高校教育管理中的应用

一、微课在社会教育中的应用

如今人们获取知识的方法和途径很多，智能手机、笔记本电脑等移动媒体在教育中的应用，使得课堂、课后的学习越来越便利。任何人可以在任何地方、任何时间从学习内容的任何地方开始学，提高了零散时间的利用率，但这种学习的时间也不宜太长，适合"微"内容的学习。另外，从学生在课堂学习的注意力保持度来看，虽然年龄不同注意力的保持时间不同，但是基本上高度集中精力学习的时间也就在 10 分钟左右。因此根据学生学习的特点，将教学内容碎片化，便产生了跨应用平台的微课。

对于微课的概念，不同的专家学者观点各异，但大体意思都差不多。在此引用著名教授张一春的观点：微课的形式是自主学习，目的是达到最佳效果，设计是精心的信息化教学设计，形式是流媒体，内容是某个知识点或教学环节，时间是简短的，本质是完整的教学活动。因此，对于教师而言，最关键的是要从学生的角度去制作微课，而不是站在教师的角度去制作，要体现以学生为本的教学思想。

微课的核心组成内容是课堂教学视频，同时还包含与该教学主题相关的教学设计、素材课件、教学反思、练习测试以及学生反馈、教师点评等辅助性教学资源，它们以一定的组织关系和呈现方式共同营造了一个半结构化、主题式的资源单元应用小环境。因此，微课既有别于传统单一资源类型的教学课例、教学课件、教学设计、教学反思等教学资源，又是在其基础上继承和发展起来的一种新型教学资源。

（一）微课的优势

1. 教学时间短，教学内容聚焦

教学视频是微课的核心组成内容。微课的时长一般在 10 分钟之内。因此，微课可以称为"课例片段"或"微课例"。相比传统课堂，微课的问题集中，主题突出，更符合教师的需要。

2. 资源构成情景化

微课的资源使用方便。微课选取的教学内容一般要求主题突出、指向明确、相对完整。它以教学视频片段为主线，统整教学设计（包括教案或学案）、课堂教学时使用到的多媒体素材和课件教师课后的教学反思、学生的反馈意见及学科专家的文字点评等相关教学资源，形成主题鲜明、类型多样、结构紧凑的主题单元资源包，构建真实的微型教学情境，方便教师灵活调用资源开展教学，也有助于学生自主学习与知识建构。

3. 主题突出、内容具体

一个课程就是一个主题或者说一个课程一个事儿。研究的问题来源于教育教学具体实践中的具体问题，或是生活思考，或是教学反思，或是难点突破，或是重点强调，或是学习策略、教学方法、教育教学观点等具体的、真实的、自己或与同伴可以解决的问题。

4. 成果简化、多样传播

因为微课内容具体、主题突出，所以研究内容容易表达，研究成果容易转化。因为课程容量微小，用时简短，所以传播形式多样。

5. 反馈及时、针对性强

由于在较短的时间内集中开展无生上课活动，教师能及时听到他人对自己教学行为的评价，获得反馈信息。较之常态的听课、评课活动，具有即时性。由于是课前的组内预演，人人参与，互相学习，互相帮助，共同提高，在一定程度上减轻了教师的心理压力，不会担心教学的失误，而评课人也不用顾虑评价会得罪人，较之常态的评课就会更加客观。

（二）微课的意义

在现代信息化技术高速发展及教育改革的大背景下，微课教学的推行有着深远的现实意义。

1. 从学习的主体学生方面来说

微课方便学生随时随地学习，使得学生在课外进行自主学习成为可能。微课的知识点相对集中，学生完全可以按照自己的兴趣和需要进行针对性地学习，从而学有所得，乐在其中。在教育改革中突出了减轻学生负担这一要求，微课教学很好地践行了这一点，小而微的教学模式改变了传统课堂的大而全的教学形式，实现了着力突破教学中的重难点的目标，让学生的注意力集中于某一知识点，提高了学生的学习效率并优化了学习效果。微课主要采用视频形式，原因是视频教学具有画面生动形象的突出优势。相较于其他媒体方法，视频教学更有利于学生的理解与记忆。在视频媒体的辅助下，学生可以实时反馈：既可以通过评论等方式来及时表达自己在学习中遇到的难题以寻求帮助，又可以就某一知识点在网络上发表自己的见解和体会。这种互动模式促进了学生之间、学生与老师之间的线上交流与探讨，帮助学生形成良好的学习习惯，提高学习能力。

2. 从教学的主体教师来说

微课的优点很明显，就是课例简单，学习内容与目标单一，节约了学习和研究的时间，教师可以从微课中受到启发，有些甚至可以照搬或者迁移到自己的教育教学之中。微课教学方便了教师之间的交流，教师之间可以相互借鉴、相互学习、博采众长，形成良好的教育教学机制，提高工作效率。教师通过观摩他人微课教学的案例去发现新的教学点，弥补自己课堂教学中的不足，达到取长补短的效果。在教师专业成长方面，微课有利于教师专业水平地提高，让教师在细节中追问、思考、发现问题，成为学生学习资源的开发者和创造者。进行微课教学其实也是教师的一个自我反思的过程，在不断地反思中帮助教师不断成长。

3. 从教育课程架构来说

微课强调以学生为中心，学生在学习过程中具有更多的主动权，但这并不意味着学生可以完全离开教师的指导进行探究。事实上，在整合的过程中，教师要扮演内容的呈现者、学习的帮助者和课程的设计者多重角色，教师对学生的学习控制和学生的自主活动之间要达到一种平衡状态。教师要为学生创建良好的学习环境，根据学习过程的需要，为学生提供不同形式的支架，不断引导学生的思维，帮助学生顺利穿越最近发展区，获得进一步的发展。同时微课对学生日后的探究性学习也起到潜移默化地引导作用，使得学生能够根据实际的需要寻找或构建支架支持其学习。

（三）从教育自身来说

现在的微课浪潮是对之前视频实录课堂的反思和修正，是在其基础上的一次飞跃。由于微课视频教学具有传播速度快、录制程序简单等方面的特点，微课教学不仅能够实现区域内的资源共享，同时能够实现全国范围内的交流与应用，提升国家整体教育教学水平，对于促进教育公平，实现我国教育事业的又快又好地发展具有深远的战略意义。通过深化教育领域综合改革，实现教育事业科学发展。通过实现教育事业科学发展，更好地促进教育公平、优化教育结构、提高教学质量。通过促进公平、优化结构、提高质量，更好地为打造中国经济升级版、全面建成小康社会提供强有力的人才支撑和智力支持。可以说微课教学是教育领域的一次巨大革新，为教育改革注入了新鲜的血液，对实现教育事业的科学发展、优化教育结构、培养新型人才具有深远意义。

（四）微课的定义和发展

"微课"的"微"主要是指学习课件的时间短。现今热议的微课程概念是 2008 年由美国新墨西哥州圣胡安学院的高级教学设计师、学院在线服务经理 David Penrose 提出的。他提出建设微课程的五个步骤：罗列教学核心概念；写 15～30 秒的介绍和总结，为核心概念提供上下文背景；录制长为 1～3 分钟的视频；设计引导学生阅读或探索课程知识的课后任务；将教学视频与课程任务上传到课程管理系统。

由于给出定义的学者或媒体来自不同的实践领域，他们提出的微课应用情境也不尽相同，因此很多微课的定义并没有揭露微课的本质。微课，顾名思义，一是"课"，二是"微"。"课"可以解释为"课件"，也可以解释为"课程"；课件是教学内容的多媒体载体，而课程则包括了学习目标、学习内容、学习活动、学习评价等要素。"微"首先指课件主要以视频的形式来呈现教学内容，其次指教学视频的长度很短。

由此可见，微课区别于其他课的本质特征是以集中阐释某一个知识点为目标，从而让学习的粒度最小化；以短小精悍的视频为学习内容的载体，从而能够用尽量短的时间准确、形象、生动地完成对学习内容的讲解或演示；以学习或教学应用为目的，若只有学习内容则为微课件，若包含学习活动、学习评价，并能够在实践中展开，则为微课程。

我国各级各类教育中的微课实践活动很多，举办过很多微课教学比赛，成立了很多发展联盟，如全国高校微课教学比赛、中国职业教育微课程及 MOOC 联盟、中国微课创新教育社区等。各个学校也纷纷开展微课教学设计大赛及翻转课堂的教学实验。

微课实践的迅速发展，得益于两个方面的因素：一是随着互联网和移动设备的普及，移动互联网时代到来，人们的时间碎片化，而信息随时可以获取，从而让人们的交流呈现出移动化、碎片化的特点，直接造就了"微时代"的到来，比如微电影、微访谈、微生活、微金融等。"微"一方面能够满足人们快速生成信息、理解信息和传播信息的需要；另外一方面"尽小者大，积微成著"这个规律在互联网的作用下得到了极大的放大和彰显，微课只不过是这个浪潮中的一朵小浪花。二是可汗学院模式和翻转课堂引领微课的发展。可汗学院是由萨尔曼·可汗创立的一家教育性非营利组织，他录制的形式简单，内容实用，课程视频一时风靡美国基础教育领域，并向世界各国蔓延。

2007 年，美国化学教师 Jonathan Bergmann 和 Aaron Sams，找到了一个可以录制 PowerPoint 演示的软件，他们在可汗学院模式的基础上，提出翻转课堂的概念：学生在家通过网络观看微课视频，学习新知识，第二天在教室里与教师一起开展研讨，巩固和应用所学的知识与技能。简单易用的视频录制工具，翻转课堂的教学模式，让微课实践迅速在各个国家、各类教育和培训领域开展了起来。慕课在进行教学设计的时候，很多学习课件的设计也吸纳了微课概念的精髓，即教师自行录制课件、简单实用、视频长度尽量短、学习课件可重组等。

（五）微课在社会教育中的应用

与青少年阶段的学习相比，成人学习被认为具备不同的特点。诺尔斯的《成人教育学》对成人学生的特点提出了五个基本假设。他认为成人学生应该具有五个特征：①具有独立的自我概念，能够指导自己的学习；②积累了丰富的生活经验，这些经验是其后继学习的资源；③具有学习需要，这些需要与改变自我的社会角色密切相关；④以问题为中心，希望能立即运用自己所学的知识；⑤学习为内在动机所驱动，而非外在因素。这五个基本假设很好地揭示了成人学习的特点。除此之外，成人学习者还具有一些特点：工学或家学矛盾突出；学习的同时具有很强的社交动机，并能够将同伴作为重要资源；学习者背景多元化，学习动机也多元化。成人学习者的这些特点，是慕课和微课在成人教学中应用的主要依据，也是成人教学改革的前提。[1]

相对于基础教育和青少年学习来说，微课更适合成人学习和教学。微课视频方便学习者利用移动设备随时随地进行观看，能够帮助学习者充分利用碎片时间，在一定程度上缓解了成人学习者的工学矛盾和家学矛盾。微课视频的日益增多，让学习者在学习内容上有了更多的选择，满足了学习者对学习内容多元化的需求。

成人教育长期以来受困于需求旺盛而成人教育机构自身资源不足，

---

[1] 任远坤. 高校教育管理工作中存在的问题及改进策略［J］. 黑龙江科学，2020（17）：120－121.

国家在成人教育方面缺乏生均投入、成人学习成果社会认可度低等问题。为此，我们在前面论述的基础上对微课在社会教育中的应用提出以下两点建议。

1. 加强成人教育的师资队伍改革与建设

由于成人学习需求的多元化以及成人学习内容的广泛性和易变性，成人教育的专职师资队伍建设应当以教学设计能力，而非学科与专业能力为核心能力。专职教师队伍应当具备较强的信息技术应用能力，能够针对成人学习的需求，借助信息技术和兼职专业教师快速进行教学设计，开发微课资源。因此，要提高成人教育教师的教学设计能力和信息技术应用能力。

2. 加强成人高校的教学改革

成人高校应针对成人学习者的特点，利用已有的慕课课程或开发设计相应的微课视频资源，通过在线学习、翻转课堂等形式，给予学习者更多时间和空间上的灵活性。

加强移动端应用的开发。随着移动互联网的兴起，成人高校应将微课资源发布到移动端，将移动端应用融入社交元素，利用移动端应用程序建立教育机构和学习者之间的联系，促进学习者之间的交流、学习者与教师的交流以及学习者与教育机构的交流，从而为学习者提供更多同伴资源，增强学习者的身份归属感。

二、慕课在社会教育中的应用实践

（一）MOOC 的本质内涵

1. 基本内涵

MOOC 是 Massive Open Online Courses 的缩写，中文意思是大规

模在线开放课程。从理论上讲，Massive（大规模的）是指对注册人数没有限制，用户数量可过万；Open（开放的）是指任何人均可参与，并且通常是免费的；Online（在线的）是指学习活动主要发生在网上；Courses（课程）是指在某一研究领域中的围绕一系列学习目标的结构化的（Structured）内容。MOOC 体现着技术和文化的融合正围绕着数字化学习（E－Learning）创造出新的能量。MOOC 技术主要包括高质量的编目视频、数据采集与分析、带有社交功能的授递平台，使得基于网络的教学更加有效，更具规模。从文化角度来讲，MOOC 是秉承一种基于网络的交流、协作和知识发现的学习文化。可以说，MOOC 既代表着一种新型技术系统，也蕴含着一种新型的教学范式。

2．本质特征

（1）开放式在线访问

开放是 MOOC 的首要特征。开放代表着公开、民主和自由的学术精神。即便学习者在人口、地域、经济和文化等方面存在差异，知识应该是为人类共同创造和共享的，每个人的学习愿望都应该得到最大限度地满足。因此，开放性除了具有共享之义，还包含对资源重复利用、修改和传播的权利。比如，开源软件一般是指具有现成可用的源代码，由用户根据自己的目的加以修改的软件，或者是由代码编写志愿者构成的社区共同支持不断改进的软件，如 Linux。

（2）大规模参与

大规模参与是 MOOC 开放性的具体体现。由于 MOOC 平台一般不限制注册人数，来自世界各地的学员可以自由参与自己偏爱的课程活动。比如，2013 年，全球最大的 MOOC 平台 Coursera 的注册用户数已逾 500 万人，开设课程超过 450 门，加盟院校有 90 多所，其中包括复旦大学和上海交通大学。

（3）真正精品化的微课程资源

就目前主流 MOOC 平台来看，核心的课程资源以短小的课程视频为主。这些微课程的主讲教师大都由一流学校的名师担任，名师效应成为 MOOC 风靡时下的重要动因之一。许多课程视频中还内嵌一些小测验，帮助学习者即时评估学习效果。学生能够对这些短视频进行步调控制、暂停、回倒等操作，对相关内容进行探究与重新利用。由于学习者注意力大约可以保持 10 分钟，因此，5～15 分钟的短视频还迎合了学生保持注意力的最佳时长需求。

设计良好的短小视频可以很好地突出重点、要点和难点，可以降低认知负荷，提高学习质量和效率。如果在短视频中穿插习题测验、仿真实验操作、程序代码编写等互动检测，为学习者提供检索式学习的机会，在短时记忆中频繁回忆和加工信息，会极大地增强学习效果。此外，这些内嵌式测验，还可以调用自动评分系统为学习者及时呈现反馈信息。MOOC 平台还整合了社交网络、在线论坛、视频会议，甚至维基，将专家、导师、学伴连接起来，深深地吸引了每一位学习者参与其中，从而获得较强的目标感、归属感和成就感。

（4）基于大数据的分析与评估

伴随着超大规模的学习访问、全球范围的协作交流和动态创生的信息资源，MOOC 教学必然产生复杂的大数据，这些海量的实时学习数据都将被 MOOC 平台记录在案。MOOC 学习过程中不仅要观看视频和回答问题，学习者还要利用社会网络、论坛、博客与教师或他人进行交互，从而留下了又长又多的数据痕迹。接着，需要利用技术对大数据进行分析处理，让数据开口"说话"。大数据分析能够揭示出在传统教育的经验模式中所无法检测出来的趋势与模式，有助于洞察人是如何学习的，学生理解了什么，没有理解什么，什么原因导致学习者获得成功等关键问题。智能分析旨在对学习者所产生的大范围数据中的"隐含意义"进行挖掘，为评估学术过程、预测未来表现和发现潜在问题等方面提供服务。

3. 基本类型

人们通常根据不同学习理论基础将 MOOC 分为三类：基于内容的 MOOC（xMOOC）以行为主义学习理论为基础，强调对知识的传播与复制；基于社会网络的 MOOC（cMOOC）以联通主义学习理论为基础，强调对知识的联结与学习网络的创建；基于任务的 MOOC（tMOOC）以建构主义学习理论为基础，强调对复杂技能的掌握。

目前，由于 xMOOC 保留了常见规范性课程的基本要素，如学习大纲、知识讲授、章节练习、练习反馈等，比较符合主流的课堂教与学的行为模式。因而，xMOOC 是目前全球普遍采用的慕课形式。

（二）MOOC 的未来展望

MOOC 诞生至今只有数年，但已在全球教育领域引发一场数字海啸。只有透过乱花迷眼的 MOOC 现象，反观它的文化理念、本质特征及尺短寸长，方可把握 MOOC 未来发展的趋势。

1. 构建新的网络课程文化

大规模开放网络课程作为一种文化现象，隐遁其中的信念、范式、规则、传统、行为模式、文化符号及文化制品，需要受到学习者和其他利益相关者的尊重和认同。MOOC 的基本信念是将世界上最优质的教育资源，送达地球最偏远角落。为此，MOOC 机构召集了全球最优秀大学的教师担纲授课，制作包括短视频在内的精品资源，供任何人免费开放地访问使用和传播，并且没有人数限制。大规模参与式学习会产生大量数据，它们可被用作评估学术过程、预测未来表现、发现潜在问题和实施教学干预的重要依据。因此，精品资源、开放访问、大规模参与、大数据分析、全球协作成为 MOOC 的文化标签。

2. 以核心知识为主线的课程设计

课程内容组织与学习资源设计的逻辑顺序始终围绕学科领域内的核心概念，即"大观点"进行有序展开。比如，每节课的教学内容可以围绕着一个中心概念、一条原理或定律进行设计。但是，在设计这节课时，需要重点把握这节课与上节课、下节课内容之间的主要关系，增强课与课之间的逻辑性、连贯性和整体性，以便学习者在正式学习时能够将这些看似孤立的短课内容关联起来，形成具有活性的知识网络。

3. 建构新型的教与学模式

模式是依据一定的理论基础，表现现实活动和过程的一种模型或形式。一种模式蕴含着某种理论倾向，代表某种对象的活动结构（静态）或过程（动态）。乔伊斯认为，教学模式就等于学习模式，两种模式只是代表不同视角而已。学习模式专注学习者做什么事情，教学模式专注教师或其他人能够做什么事情来帮助学习者学习。学与教的模式试图考查促成学习的全部要素，并通过在具体学习情境中易于操作的系统方式把它们组织起来。

翻转课堂学习模式重新安排了课内和课外的学习时间和学习内容，将知识讲解与个体建构主要放在课外，将知识内化和社会协商主要放在课外，真正让学习权从教师身上转移到学生身上。由于课外时间较为充裕，便于学习者根据学习风格和认知特点合理安排学习内容，表征形式和学习进度，以增强学习的主动性、责任心和控制感。在课内，他们将课外学习中的收获体验与教师和同伴分享，通过共同活动在个体之间激活、共享与交换默会知识。此外，课内时间还可用于更加积极的项目式学习，引领学习者一起解决局部性或整体性挑战，以深化对学习主题的理解。

4．建构系统化的深层次学习分析

学习分析就是利用与学习者相关的多种数据，借助多种算法和模型，精准地分析学习模式、学习偏好和行为绩效，并能分析出潜在问题，以便更好地为学习者提供高质量、个性化的学习支持与服务（如学习路径推荐、适应性内容推送等）。当学习遭遇困难时，系统还能及时提供相应的帮扶性措施和建议，让学习者几乎没有时间产生沮丧感和挫折感。由于 MOOC 平台记录着大量有关学习行为的海量数据，尤其需要利用新技术、新模型、新算法对这些大数据进行挖掘，找出隐藏于数据背后的深层次意义。显然，这是常见的简单统计分析难以胜任的。

5．促成大规模互动与参与

大规模互动与参与是 MOOC 的显著特色之一，其基本的措施有：第一，MOOC 平台不限制注册人数，还提供了网络会面空间，为全球学习者大规模参与学习和互动提供可能；第二，MOOC 主讲教师的权威性、学习内容的精品性、学习时长的适切性、学习过程的自治性以及学习干预的有效性，都会对全球学习者保持较强的吸引力；第三，MOOC 设计力求做到网页导航清晰，操作简洁，核心概念组织有序，课程讲解流畅生动，这些设计要素有助于降低不必要的外部认知负荷，让学习者更加专注学习内容和学习活动；第四，自动化评估、成长性测验以及个性化的学业报表，让学习者能够清晰地了解自己的学习状态，能够提高他们的认知水平。此外，还可借助论坛、社交网络、维基创作等 Web2.0 技术，构筑网络学习共同体，促进文化分享与社会协作学习。

6. 为公益事业注入成熟的商业模式

成熟的商业运作模式是 MOOC 可持续发展的重要保证。虽然多数 MOOC 机构坚持走公益路线，实行免费访问和使用，但从长远发展来看，MOOC 需要辅之成熟的商业运作模式。目前商业模式主要有学分收费认证盈利、学位收费、职业推荐、版权许可、广告收费等。其中学分收费认证收费及职业推荐模式备受关注。在 MOOC 变革的下一阶段，认证方式最有可能被广为采纳，认证学习将会成为 MOCC 的一种常态。

(三) 慕课在社会教育中的应用

慕课是 2008 年由加拿大学者戴夫·科米尔和布赖恩·亚历山大提出的。同年 9 月，加拿大学者乔治·西蒙斯和斯蒂芬·唐斯应用这个概念开设了第一门真正的慕课课程——Connectivism and Connective Knowledge Online Course (CCKOC)。该课程支持学习者通过多种形式参与学习，比如通过 YouTube、博客、Twitter 及其他社会性软件学习。唐斯认为，慕课是一种参与者和课程资源都分散在网络上的课程，只有在课程是开放的、参与者达到一定规模的情况下，这种学习形式才会更有效。慕课这个词语诞生之后，被引申应用到很多情境当中，其中有些情境已经跟它最初被创建时的含义大相径庭了。通常来说，被冠以慕课的在线课程须具备四个基本特征，具体如下：

1. 开放

任何人都可以免费参与网络课程的学习，对学习者没有任何准入门槛，也没有地域限制。

2. 大规模

课程在设计时要考虑大量的参与者。

3. 课程要素完整

课程包括了学习目标、教师、学习活动、时间安排、练习和作业、学习评价、学习成果证明等。

4. 强调交互

慕课尤其重视学习者之间的交互，注重开展同伴互助和同伴之间的评价活动。

慕课的实践活动在全世界范围内得到了高度重视，并呈现出多元化的发展趋势，慕课不仅被用于学校教育来实现翻转课堂，还被用于行业企业开展职业培训以及用于学历教育实现全在线教育。

慕课的发展反映了学习的全球化、个性化和多元化。首先，慕课完全基于网络，它能够实现全球范围内只要有网络的地方就能够学习的目标，也能够实现全球学习资源的共享与竞争。其次，慕课的提供者来自全球各地，学习者能够根据自己的学习需求、能力水平、兴趣爱好来选择相应的课程进行学习，实现课程选择的个性化。并且基于在线课程的教学设计，在一定程度上实现学习进度和学习路径的个性化。最后，随着知识经济时代的到来，知识更新速度加快，人们工作岗位的更换更加频繁，职业发展促成的学习需求日趋旺盛。而在生活日益现代化的时代，人们适应外部生活需求和提高自身生活水平的学习需求也越来越强烈。互联网能够将多元化的资源提供者汇聚在一起，来满足多元化的学习需求，慕课的发展也是这一互联网精神的具体体现。

慕课作为完全在线的开放课程，要求学习者具有相当强的自制力才能完成学习。成人学习者具有明确的学习目的，能够克服在线学习的种种干扰和障碍来完成学习。慕课课程中大部分学习活动都具有一定的时间灵活性。慕课课程提供方则日趋多元化，在慕课的实践中，有一些课程可以被认证为大学的学分，甚至硕士学位都可以通过慕课的形式来获得，这样就满足了学习者对学习成果认证的多元化需求。成人学习者大部分都具有各自的工作经验，能够在课程开展的过程中，为课程讨论贡献自己的观点和案例，为课程生成性内容的增长贡献力量。

当然，慕课作为信息技术支撑的教学模式和内容呈现形式，要求学习者具备一定的信息素养，同时缺乏面对面的交流会影响社会交往活动的效果，比如，很难进行深度交往和建立牢固的社会关系。这就需要网络学习社区的建设以及适当提供面对面交流的机会。

对于慕课在社会教育中的应用的建议有：构建政府或学校层面的认证制度；通过相应的质量保障机制，认可成人学习慕课的学习成果。学习型社会的构建，全民学习能力和职业发展能力的提升，单纯依靠成人教育机构是无法得以实现的。因此，成人高校或地方政府可以考虑出台相应的学习成果认证制度，并通过一定的程序，认可成人所学慕课的结果。这将在很大程度上解决成人学习需求多元化、成人教育机构资源匮乏、成人学习服务提供者混乱的问题。

第四节　人工智能背景下高校教育管理模式改革

高校的发展与人工智能密不可分，教育和人工智能也有着密切的联系。随着深度学习、行为分析、计算智能等技术的逐步发展，人工智能技术已被运用到教学中，从计算机辅助教学到 MOOC 等在线教育平台，再到智能教学助手，教学与人工智能的融合日益深入。

一、基于人工智能的高校教育管理模式改革

高校教育管理是教育事业有序发展的保障之一，对知识教育、德育教育及日常事务的有效衔接起重要作用。在人工智能背景下，传统的高校教育管理模式明显落后，难以满足现实需求，制约了高校教育事业的发展。因此，各高校应充分利用人工智能技术变革，灵活运用互联网技术，加快教育管理信息化平台建设，从多个角度对教育管理模式进行改革与创新，全面提升管理效果，促进高校教育事业的稳定发展。

（一）高校教育管理模式现状

高校必须重视教育管理模式的改革，迎合行业对人才的需求，不断革新教育管理理念，创新教育管理方法，建立健全大学生管理制度，在学科设置、专业结构调整、师资建设、教学方法创新等方面积极探索，做好教育管理供给侧结构性改革工作，为人才培养打下坚实基础，解决教育管理中的突出问题，满足社会发展对人才的需求。

1. 教育管理模式相对落后

教育旨在教书育人，育人往往重于教书。落后的管理模式使教师在管理学生时力不从心，因为陈旧方法已不符合实际需要。在人工智能时代，社会环境复杂，学生未来挑战增多。作为国家未来栋梁的高校大学生，需不断学习新知识，提高自身能力，尤其是明辨是非和自我约束的能力。高校应重视教育管理，帮助学生养成良好习惯，树立正确三观。教育管理能帮助学生发现问题、解决问题，保持清醒头脑，更健康地成长。

2. 教育管理制度有待完善

受扩招政策影响，高校招生数量大幅提升，既促进发展又带来管理挑战。一些高校盲目扩招却未完善管理制度，给管理工作带来困难。高校发展过快，重心偏向新学院、专业、课程开设，未意识到现有制度问题。制度不完善影响管理效果，阻碍未来发展。

3. 缺乏高质量的教育管理队伍

高校教育管理需通过思想教育帮助学生认识责任义务，提高自觉性。达到这一效果需高素质、专业的教育管理教师全程参与。除有效制度外，还需高质量管理队伍。

4. 教育管理内容缺乏创新

受传统计划经济影响，高校习惯按国家指示组织教学，将教育管理视为行政管理，片面认为管理即对师生管理。传统观念下，教育管理制订统一计划，严格按规定进行，大纲、课程设置千篇一律，教材、方法、评价雷同。传统理念对师生管理具强制性，忽视个性特征和情感需求，不利教师水平提升和学生能力培养。

(二) 人工智能时代高校教育管理模式改革内容

1. 提升教师观念：以学生为主体

教师是教育管理中最重要群体，起指导引领作用。改革需从教师入手，改变观念，创新模式。提升观念需结合实际，保证教师积极引导作用，尤其对学生干部的培养。提升体现在注重人文关怀，秉持"以人为本"理念，满足学生需求，使学生知识丰盈，人格完善，价值导向正确。此理念契合以学生为主体的新课标概念，着眼学生全面发展和管理模式创新，增加学生参与度，确保全面发展。以学生为主体不仅是观念提升，也是模式创新提升，注重人文关怀，使教育机制和管理机制最大限度契合，实现培养应用型人才的目的。

2. 树立管理目标：在每个阶段有所作为

创新研究需明确目标，实现每个阶段有所作为。如学期初、中、末分别设定目标，属创新行为。以学生为主体为基础目标，各阶段秉持此理念树立相应目标。如以德智体美劳全面发展为阶段性目标，分析学生能力，制定全面发展路线。通过阶段性目标确立，将学生作为主体力量，不断订正管理目标，贴合实际，促进模式对学生全面发展作用，使模式走进生活、走近学生，完成每阶段任务同时实现时效性。

3. 落实管理行动：确保学生全面发展

创新最重要的是落实管理行动。应重视学生干部管理和核心力量培养，提升模式质量。教育管理需夯实基础，落实管理方案，规范评鉴学生，建立奖惩制度，激励体制督促实施。教育管理是艺术，需将管理行动做到最好，保障学习生活，监督课堂教学，促进全面发展，确保全面发展目标。

4. 转变教育管理思想

思想转变是模式改变的基础和推动力，管理思想随时代进步，确保模式由传统向现代转变。人工智能时代赋予管理人员更宽广自由创新范围，提升工作效率和管理水平，为模式蜕变提供意识形态支持。创设轻松活跃管理舆情环境，以发展眼光看待模式变化，主动适应信息化管理模式和要求，形成创新氛围，实现管理模式科学化和规范化。活跃舆论思想环境最终实现模式创新发展。

5. 教育管理方法信息化

教育管理方法构成模式主体，需科学运用信息化理念和手段推动素质教育发展。其创新体现在打破传统固定化教学模式弊端，突破垂直化管理方式束缚，通过上下级沟通协调，共同制定管理目标、内容、手段，实现目标具体化和可行性。信息时代运用大数据丰富管理内容，通过创建信息化管理平台，获取加工信息，节约时间，提升效率和质量。高校是信息拥有者和提供者，开放资源有助于提升教育管理水平。随着书籍借阅、学籍成绩、选课等系统的信息化发展，为高校常规管理的高效行提供了有力保障。

二、基于人工智能的高校教育管理模式改革的必要性

随着时代的迅猛发展，我国已全面迈入互联网信息时代。互联网与计算机的普及不仅为人们的工作和生活带来了前所未有的便利，更在深层次上推动了社会的巨大变革。信息传递的渠道日益多样化，速度显著提升，范围也日趋广泛，这些均已成为互联网信息时代的显著特征。在这一大背景下，高校教育管理建设显得尤为重要。它不仅是高校实现全面、协调、可持续发展的必要举措，更是响应互联网信息时代发展要求、紧跟科技进步步伐的必然选择。通过不断优化教育管理，高校能够有效提升整体管理水平，更好地满足自身发展需求，并为在校师生提供更加优质、高效的管理服务。然而，我国高校传统的教育管理模式正面临着前所未有的挑战。随着计算机和互联网技术的广泛应用，传统的人工机械化管理方式已逐渐显得力不从心。因此，一场基于人工智能的高校教育管理模式改革正在悄然兴起。这场改革不仅旨在提高管理效率和质量，更在于推动教育管理的现代化、智能化和人性化发展。

（一）提高高校对教育管理工作的认识

在当今信息时代，国内高校必须深刻认识到教育管理工作在自身发展中的核心作用，摒弃单纯依赖扩大生源数量来提升竞争力的短视行为。相较于数量，生源质量更为关键，它直接关系到高校的教育成果和社会影响力。高校作为一个特殊的教育环境，肩负着对社会、对学生的双重责任。虽然无法保证每位学生都能成为杰出人才，但高校有义务引导学生认清自身的社会责任和历史使命，督促他们在宝贵的青春时光中不断自我提升，为迎接未来的各种挑战做好充分的准备。通过强化教育管理，高校不仅能够提升学生的学术素养，更能够培养他们的社会责任感和使命感。

（二）加强高校教育管理师资队伍的建设

高校教育管理师资队伍是实施有效教育管理的核心力量，主要包括院系专职辅导员和既承担教学任务又负责日常学生管理的教师。这些工作在第一线的教师，与学生朝夕相处，他们的言行举止对学生具有深远的影响。因此，教师不仅需要具备扎实的专业知识和管理技能，还需不断提升自身修养，成为学生的表率和楷模。优秀的教师团队是推动教育管理模式改革创新的关键。在教育管理过程中，教师应注重引导学生而非施加精神压力。教育管理的目的在于及时提醒学生，在他们即将偏离正确轨道时敲响警钟，使他们迷途知返。改革教育管理模式需确保尊重学生的主体地位，既要体现教育管理的权威性，又要避免给学生带来过大的精神负担，以保障他们身心的健康成长。为了实现这一目标，高校应从两个方面入手：一是提高教育管理人员的职业素养，通过加强培养培训，提升他们的管理能力和服务水平；二是对教育管理工作进行有效监督，确保各项工作有序进行，及时发现并解决问题。通过这些措施，高校能够打造一支高素质、专业化的教育管理师资队伍，为教育管理模式的改革创新提供有力保障。

（三）进一步规范高校教育管理制度

随着教育形势的不断发展和社会需求的日益多元，高校亟需引进现代科学管理制度，积极研究和学习国外高校的成功管理经验。在此基础上，建立一套合理规范、层次分明、岗位职责明晰的管理体制显得尤为重要。这一体制应明确教师的管理职能范围，强化学生管理中的法制观念，切实保障学生的合法权益，贯彻平等原则，为学生创造更加有利于成长的管理环境。

教育改革对高校教师而言，既是挑战也是机遇。教师需要深入掌握新时期大学生的特点，在教育体制改革中不断创新学生管理方法，这将极大地提升教师的管理水平。完善的教育管理制度不仅是高校更好地开展教育管理工作的基础，也是学生实现更好成长的重要保障。

在完善教育管理制度的过程中，必须遵循三个原则：（1）制度内容应与教育初衷相契合，始终秉承依法办学、依法治校、教书育人的原则；（2）教育应"以人为本"，将素质教育贯穿教育管理的各个环节，确保学生的利益不受损害；（3）教育管理人员要学会尊重学生，设身处地地为学生着想。在此过程中，教育管理人员应充分利用信息时代的优势，借鉴其他学校的教育管理制度，取其精华、去其糟粕，有选择地汲取营养，从而不断完善自身的教育管理制度。

（四）采取开放的态度对待学生的自我发展意识

大学生自身发展的特点以及社会文化的进步，要求在学生管理中更加尊重学生，尊重他们在大学阶段初步形成的自我意识和自我判断。高校学生管理工作的核心目的是培养大学生成才。要实现这一目标，就必须倾听学生的心声，尊重学生的意见和观点，从而深入了解学生所需、掌握学生心理动态，及时发挥引导作用。

教师尊重学生要求并深入了解大学生的心理特点。大学生作为具有一定世界观和价值观的社会群体，具备独立判断事物的能力，也有为自我行为负责的义务和能力。因此，教师应正确看待大学生日渐成熟的个人能力，欣赏并尊重他们特有的处事风格，而非挑剔与指责。大学生思想活跃、精力旺盛，充满冒险精神，正处于萌发新观点、创造新事物、开创新局面的最佳时期。只有真正尊重学生，才能为他们的成长提供正确的引导。

（五）培养大学生的民主意识，重视学生的自主管理

大学生作为独立承担法律责任、履行法律义务的成年人，理应获得平等对话的权利。传统的行政命令式管理方式已不再适应现代教育环境，取而代之的应是民主的交流探讨和教师以身作则的示范教导。这种管理方式不仅能更有效地引导学生成才，还能促进师生之间的相互理解和尊重。

在信息化社会，知识获取方式的多样性和便捷性在一定程度上削弱了教师教授知识的权威性。同时，社会经济的高速发展带来了文化的频繁交流，外来文化对本民族价值观的冲击不可避免，尤其是对价值观尚在形成中的大学生影响更大。因此，急需建立一个平等对话的平台，通过民主的方式重建教师的权威性。这样的平台不仅能让学生更乐于展现自我，也为教师提供了发现问题、逐步引导的机会，有助于学生建立正确的价值观。

培养大学生的自主意识，增强他们的自主学习及生活能力，是高校教育管理的重要任务。应充分利用学生干部的带头作用，实现学生的自

我管理，遇到问题自我解决，逐步减少对家庭、对学校的依赖心理。通过挖掘大学生的自我潜能，在自我意识的形成过程中锻炼和提高各方面能力，培养德智体美劳全面发展的新时期大学生。

高校教育管理效果的好坏直接关系到高校教育事业能否顺利发展。因此，必须不断推陈出新，对现有的高校教育管理模式进行深入分析和总结，积极引入先进的管理理念与系统模式，建设符合本校教育事业发展的信息化管理平台，以满足高校教育事业发展需求。高校教育管理是一项复杂、综合性的事务，涉及在校学生、教职人员等庞大群体，管理层次复杂。再加上高校各部门管理制度的创新与调整，会产生庞大的信息数据。传统的人工机械式管理模式已无法满足现代教育管理工作的需求，亟需向智能化、信息化方向转变。

高校教育管理与每个在校大学生的切身利益息息相关。学生不仅是被管理的对象，更是教育管理的参与者和监督者。当教育管理不符合要求时，学生应及时反馈给学校，为提高教育管理质量做出贡献。在教育管理工作中，辅导员或班主任起到了关键作用。与其他任课教师相比，学生与辅导员或班主任的交流更频繁，他们在保障教育管理工作有效性方面发挥着重要作用。总之，在信息时代背景下，高校要推动自身的发展，就必须将更多的时间和精力投入教育管理工作，让高效的教育管理工作为高校发展保驾护航。

三、基于人工智能的高校教育管理模式改革的基本途径

高校是人才培养的摇篮，在我国教育教学发展的历程中扮演着举足轻重的角色。教育管理不仅是高校健康发展的基石，更是教学质量的有力保障。当前，我国正处于经济发展的关键时期，建设"一流高校、一

流学科"的宏伟目标为高校带来了前所未有的发展机遇，同时也对教育管理工作提出了更高要求。面对复杂的高校环境和来自五湖四海、背景各异的学生群体，高校教育管理工作面临着前所未有的挑战。然而，在信息时代背景下，完善的教育管理模式已成为高校健康发展的必然选择，为教育管理工作指明了方向。

（一）加快校园教育管理信息化平台建设

随着人工智能的迅猛发展，高校教育管理模式正经历深刻变革。改革与创新已成为高校教育事业发展的显著趋势，备受关注。为了积极响应人工智能时代的发展要求，各高校纷纷整合教育管理资源，加快校园教育管理信息化平台建设。这一平台不仅安全、可靠、高效、稳定，还融合了多种先进的计算机和互联网技术，在高校教育管理中发挥着举足轻重的作用。

校园教育管理信息化平台通过校园内部网络构建起一张全面覆盖的局域网，将师生和管理人员有效连接起来。师生只需登录平台，即可实时获取信息和数据。该平台提供了完整的信息查询和管理服务，满足了师生的学习需求和教学需求，极大地提升了教育管理效率。

（二）组建高素养的教育信息管理团队

高校教育管理模式的改革与创新，不仅需要良好的硬件环境作为基础，还需要优秀的软件环境提供支持。为此，高校在教育管理模式创新与改革的过程中，应集中力量、整合现有师资资源，组建一支高素养的教育信息管理团队。这支团队将负责日常大量信息的处理工作，确保教育管理工作的顺利开展。

首先，高校应在人才招聘上注重引进具有良好信息素养的技术人才，充实教育管理团队，提升信息化水平。其次，对现有管理人员进行信息素养和信息技术培训，通过专业化的专项培训切实提高他们的信息技术水平及处理能力。这样，团队成员之间能够更好地配合工作，共同推动教育管理工作的持续发展与进步。

（三）完善教育管理制度，强化管理力度

传统的教育管理模式已无法满足人工智能时代的发展需求，对高校教育事业的发展造成了一定的阻碍。因此，为了保证高校教育事业的持续发展，必须基于人工智能背景对现有教育管理模式进行有效改革与创新。首要任务就是完善教育管理制度，强化管理力度。

高校应从自身教育管理实际出发，制定一套符合自身管理要求的全方位教育管理制度。这套制度将提高教育管理部门的工作效率，约束管理人员的工作行为，为学生管理、学校事务管理提供便利。同时，它还将加强学生与管理人员之间的有效交流与沟通，促进相互理解与协作。此外，教育管理制度的完善将对每一个改革与创新设想进行规范，确保教育管理目标的顺利实现，推动高校教育管理工作不断迈向新的高度。

（四）采用多元化的教育管理方法

高校教育管理模式的改革与创新，既需要在硬件上加大投入，建设高效的教育管理信息化平台，提升管理效率，也需要在软件上深耕细作，除了加强人才引进和培训外，还应注重多元化教育管理方法的合理选择与灵活应用。首先，高校应积极引入先进的教育管理方法，摒弃陈旧的管理模式，解决管理者和被管理者之间交流不畅的问题，构建现代化、实用化的管理机制，促进双方有效沟通，提升教育管理的可操作性。其次，充分利用互联网技术，推动学生、教师、管理人员共同参与教育管理工作，鼓励他们提出合理化建议，实现实时交流与沟通，从而显著提升高校教育管理的整体效果，确保教育管理工作顺利开展，并获

得全体在校师生的广泛支持和认可。

（五）强调管理反馈，及时发现管理问题

高校教育管理模式的改革与创新是一项长期而艰巨的任务，不可能一蹴而就。它要求高校教育管理人员在日常工作中不断积累经验，敏锐地发现问题并妥善解决问题，以此为契机不断完善教育管理模式，提升教育管理效率与质量。在这一过程中，强调管理反馈显得尤为重要。高校应充分利用教育管理信息化平台的信息共享和实时传递优势，广泛了解在校师生对教育管理工作的意见和建议，同时积极提出创新点和优化点，接受全体师生的评价和集中讨论。高效应通过集思广益，筛选出切实可行的创新点予以实施，不断充实教育管理模式的内容，创新管理方式，推动高校教育管理工作持续进步与发展，保持改革与创新的动力，与时代同步前进。

参考文献

［1］［苏］赞可夫．教学与发展［M］．邱静娟，译．北京：长江文艺出版社，2017．

［2］黄刚．新时代高校红色文化教育教学模式探索与实践［M］．南京：南京大学出版社，2022．

［3］兰国帅．"互联网＋"背景下信息化教学资源共建共享与服务［M］．北京：科学出版社，2019．

［4］雷彬．高等教育理论视域下的教育信息化实践研究［M］．西安：陕西人民出版社，2023．

［5］刘香萍，王义宁，柴维斯，等．民办本科院校教育模式的探索与实践［M］．南京：南京大学出版社，2020．

［6］齐菲．教育管理模式的创新研究［M］．北京：文化发展出版社，2023．

［7］王慧．现代教育理念下的高校教育教学管理研究［M］．北京：化学工业出版社，2021．

［8］谢爱林，江雯斐．高等教育管理与教学创新研究［M］．长春：吉林人民出版社，2023．

［9］杨潇．高校学生管理工作与法治化研究［M］．北京：北京工业大学出版社，2021．

［10］张永华．现代教育管理路径的多维思考［M］．北京：文化发展出版社，2023．

［11］艾喜勤．培智教育"双师制"课堂教学管理模式的实践［J］．河南教育（教师教育），2024（2）：53．

［12］陈雷．高职院校混合式课程教学管理模式改革探索——以"芯位教育"平台为例［J］．公关世界，2024（15）：157－159．

[13] 陈熙维. 大数据视域下高校教育教学管理创新路径探究 [J]. 食品研究与开发，2023（4）：237.

[14] 陈芸芬. 以人为本理念在高校教育管理中的应用 [J]. 宁夏大学学报（人文社会科学版），2019（6）：184－187.

[15] 崔文洋. 产教融合模式下的高校教学管理理念探索 [J]. 现代商贸工业，2024（22）：76－78.

[16] 范宇庭. "以学生为中心"的本科教学管理模式创新路径研究 [J]. 教师，2024（35）：15－17.

[17] 付晓. 新时期我国高校教学管理优化与创新路径 [J]. 湖北开放职业学院学报，2024（19）：13－15.

[18] 龚圣洁. 高校教育教学管理创新的重要性及维度探析——评《高校教育教学管理创新研究》[J]. 教育理论与实践，2024（18）：2.

[19] 管淼，郑彦之. 大数据时代高校教育教学管理模式的变革与创新策略 [J]. 中国多媒体与网络教学学报（上旬刊），2024（12）：135－138.

[20] 何绮薇. "互联网＋"时代开放教育教学管理模式分析 [J]. 公关世界，2024（21）：14－16.

[21] 侯层. "互联网＋"背景下高校教育教学管理模式创新研究 [J]. 淮南职业技术学院学报，2024（6）：73－75.

[22] 姜海明. "互联网＋"背景下高校教学管理创新模式构建研究 [J]. 山西青年，2024（9）：160－162.

[23] 蒋艳. "互联网＋"背景下高校教育教学管理模式的创新研究 [J]. 中国新通信，2023（18）：165－167.

[24] 李金娥. 基于云平台的高职院校教学管理模式研究 [J]. 中国新通信，2024（9）：24－26.

[25] 李娜. 校企合作背景下的高校实践教学管理模式研究 [J]. 现代企业文化，2024（13）：31－33.

[26] 李天天，成宇骓. "三全育人"视域下高校教学管理模式探赜 [J]. 中国成人教育，2023（19）：50－53.

[27] 林晓玲. 混合教学模式下高校教育教学管理创新探究 [J]. 教育观察，2021（1）：64－66.

[28] 刘京祥. 以服务为导向的管理理念下高职院校教学管理模式构建 [J]. 湖北开放职业学院学报，2024（4）：61－63.

[29] 吕冬云. 新时代高校教学管理模式与制度创新——评《高校教育教学管理模式创新研究》[J]. 中国教育学刊，2023（4）：142.

[30] 任远坤. 高校教育管理工作中存在的问题及改进策略 [J]. 黑龙江科学，2020（17）：120－121.

[31] 史秋衡.《中华人民共和国高等教育法》20年发展报告——基于高校分类人才培养提质增效视角 [J]. 国家教育行政学院学报，2020（2）：15－25，87.

[32] 孙跃轩. 人工智能背景下高校教育教学管理的创新发展 [J]. 产业与科技论坛，2023（13）：287－288.

[33] 唐颖，葛冉. 高校教育教学管理自主创新发展模式研究 [J]. 教师，2020（35）：18－19.

[34] 王超颖，刘赛男，杨东林. 高校教学质量管理引入文化管理模式的实践探索 [J]. 文化创新比较研究，2022（30）：147－150，198.

[35] 王海虹，叶承奇，蒋瑾，等. 数智化时代大学教学管理模式创新路径研究 [J]. 现代商贸工业，2025（2）：79－81.

[36] 王建. 试论我国本科教育教学改革政策的特点 [J]. 高教论坛，2020（2）：35－38.

[37] 王莉薇，马亚琴，王晓丹. 以人为本背景下高校教育教学管理模式改革研究 [J]. 佳木斯职业学院学报，2023（12）：187－189.

[38] 王岩琴，郑伟，张欣. OBE理念下的院级立体网格化教学管理模式 [J]. 教育教学论坛，2024（27）：65－68.

[39] 王云白. 以人为本理念下高校教育教学管理模式探讨 [J]. 大学，2021（6）：45－46.

[40] 吴延慧. 高校教育教学管理信息化建设创新研究 [J]. 大学，2024（25）：96－100.

[41] 徐驰. 以人为本理念下高校教学管理模式创新探索——评《高校教育教学管理模式创新研究》[J]. 科技管理研究，2023（10）：252.

[42] 徐冠杰. 开放教育教学管理模式的改革与实践探讨 [J]. 才智，

2024（33）：174－177.

[43] 叶新辉. 将学校精致化管理落到实处 [J]. 教学管理与教育研究，2021（19）：104－105.

[44] 张怡帆. 运用精细化模式提升高校教学管理工作质量的路径探索 [J]. 科学咨询（教育科研），2021（6）：106－107.

[45] 章彤. 大数据视域下高校教育教学管理的现状分析和对策研究 [J]. 中国多媒体与网络教学学报（上旬刊），2023（8）：10－14.

[46] 赵鹏飞. 以推动高等教育高质量发展支撑中国式现代化建设的探析 [J]. 现代商贸工业，2023（6）：102－104.

[47] 郑前进. 高校教学管理信息化建设模式及其策略研究 [J]. 中国教育信息化，2021（21）：45－47，52.

[48] 郑文燕. 以人为本理念下高校教学管理模式创新探索 [J]. 吉林省教育学院学报，2024（11）：110－114.

[49] 周月. 探索如何提高网络教学模式下的高校教育教学管理工作效率 [J]. 财富时代，2021（2）：198－199.

[50] 林晨. 育人为本的高校学生宿舍管理模式研究 [D]. 上海：华东师范大学，2023.

[51] 林雨. "互联网＋"背景下地方高校学生教育管理新模式研究 [D]. 株洲：湖南工业大学，2021.

[52] 刘知泽. 高校教育质量管理中学生角色的表征与建设 [D]. 呼和浩特：内蒙古师范大学，2022.

[53] 吴敏. 高校辅导员工作质量管理研究 [D]. 上海：华东师范大学，2021.

[54] 杨晶晶. 数据智能支撑的课堂教学管理模式研究 [D]. 天津：天津职业技术师范大学，2020.